2014年拉丁美洲经济展望

面向发展的物流与竞争力

经济合作与发展组织发展中心
联合国拉美经委会 主编

OECD
MEJORES POLÍTICAS PARA UNA VIDA MEJOR
CAF
BANCO DE DESARROLLO DE AMÉRICA LATINA
NACIONES UNIDAS
CEPAL
知识产权出版社
全国百佳图书出版单位

图书在版编目（CIP）数据

2014 年拉丁美洲经济展望——面向发展的物流与竞争力 / 经济合作与发展组织发展中心，联合国拉美经委会主编 . —北京：知识产权出版社，2014. 5

ISBN 978 - 7 - 5130 - 2726 - 7

Ⅰ. ①2… Ⅱ. ①经…②联 Ⅲ. ①经济展望 - 拉丁美洲 - 2014②物流 - 竞争力 - 研究 - 拉丁美洲 Ⅳ. ①F173. 04②F259. 73

中国版本图书馆 CIP 数据核字（2014）第 094681 号

中文翻译版本质量与原文一致性由中国社会科学院拉丁美洲研究所负责。译文与原文发生不一致时，以原文为主。

本报告原文由经合组织以英语和西班牙语发表，标题如下：

Latin American Economic Outlook 2014：Logistics and Competitiveness for Development

Perspectivas Económicas de América Latina 2014：Logística y competitividad para el desarrollo

责任编辑：刘 睿 陈 璐 **责任校对：**董志英

文字编辑：陈 璐 **责任出版：**刘译文

2014 年拉丁美洲经济展望

面向发展的物流与竞争力

2014 Nian Ladingmeizhou Jingji Zhanwang

Mianxiang Fazhan de Wuliu yu Jingzhengli

经济合作与发展组织发展中心 联合国拉美经委会 主编

出版发行：	知识产权出版社 有限责任公司	**网　　址：**	http：//www. ipph. cn
社　　址：	北京市海淀区马甸南村 1 号	**邮　　编：**	100088
责编电话：	010 - 82000860 转 8113	**责编邮箱：**	liurui@ cnipr. com
发行电话：	010 - 82000860 转 8101/8102	**发行传真：**	010 - 82000893/82005070/82000270
印　　刷：	北京富生印刷厂	**经　　销：**	各大网上书店、新华书店及相关专业书店
开　　本：	720mm × 960mm 1/16	**印　　张：**	12
版　　次：	2014 年 5 月第一版	**印　　次：**	2014 年 5 月第一次印刷
字　　数：	181 千字	**定　　价：**	30. 00 元

ISBN 978 - 7 - 5130 - 2726 - 7

京权图字：01 - 2014 - 3442

原版书版权页信息

本报告在秘书长领导下出版。报告所表达的观点和使用论据不一定反映 OECD、OECD 发展中心及其各成员国政府、联合国拉美经委会和 CAF（即拉丁美洲开发银行）的意见。

ISBN 978－92－64－20365－5（纸质版）
ISBN 978－92－64－20366－2（PDF）
DOI http：//dx. doi. org/10. 1787/leo－2014－es
年度：拉丁美洲经济展望
ISSN 2072－5191（纸质版）
ISSN 2072－5183（电子版）
参阅 CEPAL：LC/G. 2575
参阅 CAF：BB－2600

关于以色列的统计数据由以色列政府负责提供。OECD 在使用这些数据时遵循国际权利条款，对于戈兰高地、东耶路撒冷、约旦河西岸的以色列定居点的现状不存在偏见。

封面：
本报告封面由 OECD 发展中心设计，使用了 Jan Hyrman，CataVic，alexyndr，Ecelop，CataVic，Alexander A. Sobolev，WonderfulPixel，silver tiger，zzveillust，PILart/Shutterstock. com 的图案。

OECD 出版物中的错误修正参见 www. oecd. org/publishing/corrigenda.

本报告最初用西班牙文编写。官方版本为英文版本，题为：Latin American Economic Outlook 2014：Logistics and Competitiveness for Development.

编者按

《拉丁美洲经济展望》报告旨在对拉美地区经济概况进行描述，并对该地区经济社会发展中的突出问题展开分析。2007 年 11 月，在智利圣地亚哥举行的伊比利亚美洲峰会期间，本报告第一期正式发布。从那时起，本报告便成为在全球背景下分析和比较拉美经济表现的新工具，并为该地区决策者提供了最佳经验和实践的参考。

自 2011 年起，我们与联合国拉丁美洲和加勒比经济委员会（CEPAL）联合发布本报告，每期报告的主题与伊比利亚各国政府及伊比利亚美洲秘书处（SEGIB）举办的伊比利亚美洲年度峰会讨论的经济议题相呼应。自本期报告开始，CAF-拉丁美洲开发银行参与报告的编写工作。本期报告于 2013 年 10 月 17 ~ 18 日伊比利亚美洲巴拿马峰会期间发布。

本报告是《拉丁美洲经济展望》系列报告的第 7 期，其结构有所变化。本报告提出的其中三章主题将在今后的报告中予以保留并延续，即拉丁美洲宏观经济概览、拉丁美洲在世界财富转移中的地位以及面向结构调整的生产力发展。此外，本报告最后一章的主题是根据 2013 年伊比利亚美洲峰会的议题确定，对拉美地区物流的作用及其对竞争力的影响展开分析。

序　言

在过去的10年中，拉美经济不断发展，在减少贫困方面取得了重大进展。尽管受到2008~2009年国际金融危机的影响，拉美地区在2003~2012年仍保持了年均4%的经济增速。这主要得益于国际贸易迅速增长和原材料价格上涨所带来的有利国际环境。原材料价格上涨也为该地区各国创造了更为有利的贸易条件。

目前，国际环境显得不如以往有利。这主要是外部需求减缓、拉美国家出口的主要原材料价格上涨放缓，以及国际金融和货币环境可能趋于收紧所带来的不确定性所造成的结果。

虽然近年来贸易条件恶化的程度低于上一个10年的平均水平，但各国刺激内需的政策空间在缩小，新的社会需求在增加，而拉美地区发展活力仍受到一些结构性因素的制约。中期经济增速放缓的前景，对巩固各国在减少贫困和不平等方面业已取得的成果构成威胁，急需各国通过改革推动该地区市场的深化，并在贸易中获取更高的附加值。

为了应对上述挑战，拉美国家需要通过实施鼓励创新和培育产业链的政策进一步推动经济多元化。因此，各国需要通过改革提高生产率，增强政府满足“新兴中等收入阶层”需求的能力，加大在减少贫困和不平等程度方面的努力。作为这一发展战略的组成部分，拉美应充分抓住亚洲经济体的变革过程，寻找新的商机，深化拉美地区市场，利用邻近美国和发达国家市场所带来的比较优势，降低运输成本，改善物流条件。

本期《拉丁美洲经济展望》将就拉美各国提高竞争力、实现产业结构多元化等方面提出具体建议。各国应采取推动创新、增加出口产品技术含量和改善物流、降低运输成本的政策实现上述目标。有关措施应有助于缩小基础设施差距，开发多模式交通运输平台，提升交通运输部门的竞争性，加强公共部门拉动私人投资的能力，引入提高海关通关效率的新技术。物流方面的改善将有利于企业间的垂直分工，推动中小企业参与出口业务，并提升拉美地区内部和全球范围的互联互通水平。

本报告对拉美和 OECD 成员国在产业结构多元化和改善物流方面的经验及最佳实践进行分析，旨在为设计制定克服制约拉美经济社会发展的瓶颈及结构性限制因素的政策和战略提供参考。

我们希望这本由 CAF-拉丁美洲开发银行、联合国拉美经委会和经济合作与发展组织发展中心，在第二十三届巴拿马伊比利亚美洲国家元首和政府首脑峰会召开之际联合完成的报告，有助于拉美国家围绕增强经济竞争力、进一步制定社会包容性发展战略进行的政策选项讨论。

阿里西亚·巴尔塞纳
联合国拉美经委员会执行秘书
恩里克·加西亚
CAF-拉丁美洲开发银行执行主席
安赫尔·古里亚
经济合作与发展组织秘书长

致　谢

本报告由联合国拉美经委会、CAF-拉丁美洲开发银行和经济合作与发展组织共同完成。

经合组织发展中心的以下人员参加了本报告的撰写和修改，他们是：罗兰多·阿文达略、海伦娜·本加勒姆、克里斯蒂安·达德、安娜·詹科伍斯卡、塞瓦斯安·涅托-帕拉、内诺·奥罗思科和何塞·拉蒙·佩雷亚。丹尼尔·阿德斯赫德、安娜丽萨·普利米、罗萨乌纳·季诺斯和胡安·巴斯克斯·萨莫拉为本报告提供各类材料。发展中心的写作小组由美洲部主任克里斯蒂安·达德领导。丽塔·达科斯塔、安娜·詹科伍斯卡和卡罗林娜·加亚尔多负责本报告在伊比利亚美洲峰会期间的发布。感谢发展中心主任马里奥·佩兹尼和副主任卡洛斯·阿尔瓦雷斯的贡献和指导。

经合组织发展中心同样特别感谢西班牙经济和财政部、西班牙外交部、瑞士发展与合作处、西班牙对外银行保险和养老金部、西班牙电力公司对《拉丁美洲经济展望》报告给予的经济支持。

拉美经委会的以下人员参加了本报告的撰写，他们是：桑德拉·曼努埃尔里多、里卡多·马特内尔、加福利埃尔·佩雷斯、加福利埃尔·波茨勒、塞巴斯蒂安·罗维拉、里卡多·桑切斯和斯蒂芬尼·斯科特。在拉美经委会产业发展和企业部主任马里奥·西莫利的领导下，该部的经济事务官员塞巴斯蒂安·罗维拉负责协调拉美经委会的写作小组。

CAF-拉丁美洲开发银行的以下人员参加了本报告的撰写，他们是：阿德里亚纳·阿雷阿萨和马尔科·卡米亚。在该行负责发展战略和公共政策的副行长何塞·路易斯·古尔贝罗的领导下，高级经济学家阿德里亚纳·阿雷阿萨负责协调 CAF-拉丁美洲开发银行的写作小组。

同时，我们也感谢参加 2013 年 7 月 6 日于巴黎举行的专家会的各位专家学者为本报告提供的素材和建设性建议，他们是：马丁·克莱瓦、伊万·德克莱乌斯、格莱格里·德佩普、罗伯特·福特、松索雷斯·加耶戈、何塞·路易斯·寇奇、阿萨·约翰逊、巴勃罗·拉瓦莱罗、毛利西奥·麦斯基塔、亚力杭德罗·米科、爱德华多·奥拉贝利亚、史蒂芬·佩尔金斯、费德里科·波利、西尔维娅·索莱斯库和胡安·鲁伊兹。

最后，我们谨感谢经合组织发展中心出版和媒体部团队的支持和工作，特别感谢艾伊达·布恩迪亚、德尔芬·格兰德利乌斯、波齐拉·克里奥特、凡达·勒格拉赫拉德和路易·司特思。我们还要感谢经合组织公共事务和通讯部的技术支持，特别鸣谢安娜-丽丝·普利亨特和劳伦斯·赫莱尔-托马斯。本报告的作者最后对艾伊达·鲁亚诺承担的报告出版工作表示感谢。

概　　览

拉美地区宏观经济条件不如以往有利。受下列三个因素的影响，在保持了十年的经济稳定增长之后，拉美和加勒比地区的经济前景变得更为复杂：贸易量下降、初级产品价格增长放缓和全球金融货币环境的不确定性增加。这是欧元区增长乏力、中国经济增长放缓和美国货币政策可能趋紧带来的结果。虽然内需增长能够部分弥补外需的下降，但在经历了经济扩张周期之后，拉美各国的经济增长正在向潜在的 GDP 水平靠拢，加大内需刺激力度可能带来更为严重的经济失衡。与此同时，拉美地区之前的经历表明，需要对信贷扩张和公共支出的可持续性保持关注。

经济增长前景的恶化放大了拉美面临的结构性挑战。2011 年，原材料出口占拉美总出口的 60%。而在 2000 年，这一比例为 40%。在过去的 10 年中，拉美的出口额得到增长，但其增长的一半来自价格的上涨，并非出口量的扩大。这一点与 20 世纪 90 年代的情况有所不同。与此同时，原料出口的扩大也带来进口产品对本国产品的替代，导致本国制造业生产的减速。

这些挑战是在拉美新的“中等收入阶层”得到巩固的情况下出现的。在过去的 10 年中，拉美地区的贫困率和不平等程度出现了大幅下降。新兴“中等收入阶层”需要获得有效的高质量公共服务，这对该地区的决策者提出新的挑战。这一群体还要求获得高质量就业，制定提高生产率的政策。

拉美也需要增加财政收入。随着对公共服务需求的不断增长，各国政府需要加大财政投入，改善基础设施状况。为实现这一目标，各国需要推动财政改革，成立旨在对财政支出进行监督并能够将其投入到高收益项目的专门机构。反过来，这也会增加公民信任度，提升扩大财税征缴的合法性。

拉美需要应对亚洲经济体带来的挑战和机遇。亚洲经济体的发展也对拉美和加勒比地区制造业部门的竞争力提出挑战。随着产业结构的调整，亚洲经济体同样也带来新的商机。为了抓住机遇，拉美地区需要推动出口多元化，提升产品附加值。

拉美需要推动旨在提高生产率的改革。技术创新是推动必要的结构转型的关键因素。它有助于推动拉美的产业多元化，提高生产率，缩小技术差距。拉美国家需要防止向原材料出口部门的过度集中成为新技术使用的障碍。与此同时，拉美国家需要利用出口部门积累的资金，推动知识型、高技术含量产业结构的发展。这种转型也有助于改善新兴中等收入阶层的就业机遇，提升未来经济增长前景。

产业政策是推动经济现代化的关键。亚洲新兴经济体和 OECD 发达成员国的经验可为拉美国家制定产业政策提供借鉴。为此，拉美需要加强机构建设，增强政策执行力，促进基于知识的专门化分工，推动产业链的向上流动，以获取更大的附加值。该地区各国应克服限制产品和服务有效流动的瓶颈，简化海关手续，改善物流状况。

物流状况的改善有助于推动拉美地区产业结构转型。拉美 57% 的出口产品为不易保存且物流需求高的产品。OECD 成员国的上述比例仅为 17% 。与此同时，由于交通运输效率低下，品质不足，运输费用特别是到达区域内各目的地的运费昂贵。这些物流方面的挑战影响了拉美地区的竞争力，削弱了各国为实现经济可持续增长而进行的努力。物流状况的改善能够拉动劳动生产率提高约 35% 。

物流状况的改善有助于提高竞争力。美国与贸易伙伴国之间的运费支出平均为海关费用的 2 倍。而对于拉美国家而言，运费支出则高达 9 倍。尽管各国致力于通过自由贸易协定推动产品和服务贸易的开展，但在降低物流成本方面尚存在较大的空间。物流状况的改善有助于拉美国家更好地融入全球产业链。降低交易成本，还有利于中小企业参与出口部门。

拉美地区需要在近期采取措施降低运输成本。更好的公路、铁路、港口和机场等设施对改善物流状况起着关键作用。然而，此类项目的规划和实施需要时间和资金的支持。因此，各国应通过充分发挥现有基础设施的作用，改善产品和服务的运输状况。这些“软性”措施包括制定综合物流政策，推动现代仓储服务供应，采取高效海关和认证程序，更好地使用信息和通信技术，加大交通运输行业的竞争性等。

前言　总体情况

由于贸易量下降、初级产品价格增长放缓和全球金融货币环境的不确定性增加，拉美外部环境显得不如以往有利

欧元区经济增长乏力、中国经济增长放缓（主要影响金属和矿产品价格），以及美国货币政策回归常态可能对国际资本市场带来的冲击直接影响拉美各经济体。首先，可以预见，世界经济增长放缓将导致对拉美出口产品和服务的需求下降。其次，在进口产品价格保持稳定的同时，拉美和加勒比国家出口的主要原材料价格自 2012 年起开始下降。这导致外部账户的恶化（见图 0.1）。虽然总体而言，其恶化程度不及 20 世纪 90 年代，但各国情况不断出现分化。一方面，油气产品出口国仍保持着经常项目盈余；另一方面，中美洲和加勒比等原材料产品净进口国的经常项目赤字达到 GDP 的 10% 以上。最后，美国货币政策未来趋紧将逐步增加外部融资成本，拉美地区的资金流入可能减少，资本市场的不确定性和波动将得以增加。

虽然内需增长能够部分弥补外需的下降，但在经历了经济扩张周期之后，许多拉美经济体的增长正在向潜在的 GDP 水平接近

尽管一些拉美经济体仍然具备实施额外内需刺激政策的财政和货币空间，以应对临时性的外部冲击，但拉美地区经济减速的情况更加持续和普遍，加大了此类操作的难度。此外，在经历了经济扩张周期之后，一些拉美经济体的增长正在向潜在的 GDP 水平接近，一些国家还面临着供给瓶颈，从而导致在实施更大规模刺激政策的情况下会出现内外部的失衡。

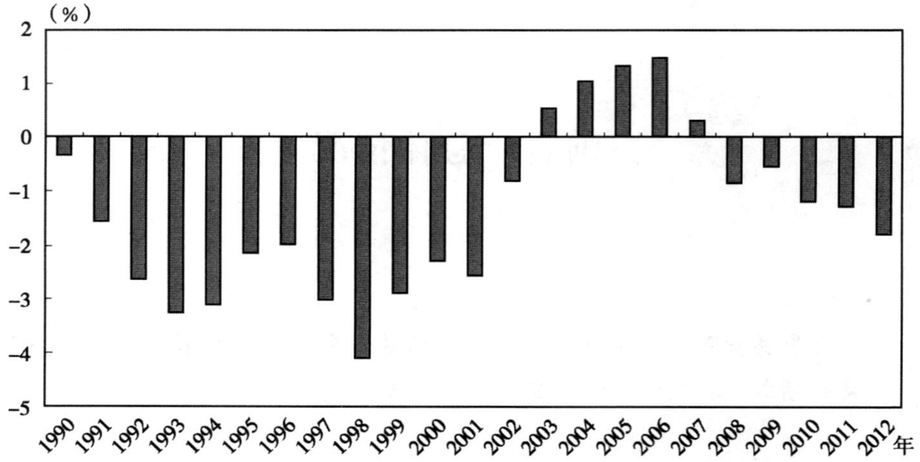

图 0.1　拉美和加勒比地区经常项目余额占 GDP 的比重

资料来源：根据 CEPAL（CEPALSTAT）数据编制。

统计链接：http：//dx. doi. org/10. 1787/888932906350.

拉美地区过去经历的经济动荡表明，需要对内部信贷扩张和财政指标发展保持警惕

按其占经济体的比重衡量，近 10 年中大部分拉美国家出现了信贷加速扩张，该现象在抵押贷款和消费部门中尤为显著。监管当局应该对信贷扩张的进一步发展保持监控，以预防和化解可能产生的泡沫最终导致内外部失衡。与此同时，监管部门还应采取措施保障金融体系的清偿能力，避免过分承担风险的倾向，对金融体系顺周期性的特点加以限制。另外，虽然从当前经济增长的基本面看，目前的负债水平是可持续的，但一些拉美国家的财政政策空间已经显著缩小。财政余额与债务水平之间的差距拉大是一系列因素所导致的，包括货币升值和利率相对于 GDP 增长率出现的实际下降。因此，各国需要通过推动实施财政改革，扩大财政活动空间，采取措施保障不断获得适当的流动性。这些措施包括资金积累、使用国际储备，甚至是获取紧急信贷额度等。

当前的宏观经济形势更加凸显了仍然存在的结构性挑战，特别是各经济体贸易部门和非贸易部门之间的失衡

与上一个10年之初不到40%的水平相比，拉美地区的原材料出口已经占到商品总出口的60%（2000~2010年）。需要进一步指出的是，近10年出口额增长的近一半来自原材料价格的增长，这与20世纪90年代主要来自出口量的情况截然不同。另外，出口集中在少数有限的原材料产品所带来的盈余推动了国内消费的发展。而由于本地工业生产落后，这会造成进口的增长，从而导致制造业生产下降，加剧经济体贸易部门和非贸易部门之间的失衡。

随着拉美新的“中等收入阶层”的兴起，各国面临着实现可持续增长和推动经济多元化的挑战

拉美近10年的经济增长也带来了贫困率的大幅下降和不平等指标的不断改善，新的“中低收入阶层”也在拉美兴起。该阶层占新兴经济体人口的比重将从2010年的55%上升至2025年的78%，从而成为深化经济发展的关键支柱。与此同时，新兴“中等收入阶层”要求各国的决策者提供更具效率和更高质量的公共服务。为了满足这些需求，各国需要通过改革扩大财政活动空间，提高税收征缴水平，成立专门机构，以保障将公共资金投向社会回报率高的项目之中。另外，地区基础设施和物流领域的不足严重制约经济增长，需要通过额外的资金投入和显著改善公共支出质量加以克服。除了中等收入阶层对公共服务所产生的新需求之外，各国的公共政策也应更加致力于在推动经济增长的同时，促进收入自动分配过程的不断改善。换言之，经济体系应该能够创造更多更好的就业机会，推动各部门生产率的改善，从而巩固新兴“中等收入阶层”。

在拉美融入主要由亚洲经济体领导的世界财富转移进程的背景下，上述需求显得尤为迫切

当前世界形势的特点是财富向新兴经济体转移。这主要是中国和印度现代化和融入世界经济的结果。规模巨大的中、印经济体的持续、快速增长带来了对自然资源的巨大需求，成为推动一大批新兴发展中经济体增长的主力。21 世纪初，非 OECD 经济体占世界经济的比重为 40%，2010 年这一比重则上升至 49%，并有望于 2030 年达到 57%。这一现象与拉美和加勒比地区占世界经济的份额形成鲜明对比。这一份额一直未能超过 20 世纪 90 年代初达到的水平，即相当于世界经济总量的 8% ~9%。

包括拉美在内的新兴经济体应避免掉入中等收入陷阱，这有助于满足“中等收入阶层”的需求

新兴经济体人均收入增长源于在初始阶段推动经济发展的一些因素，包括城市化、人口变化、农业劳动力减少以及技术差距缩小等。在这些发展源泉的活力趋于耗尽时，人均收入水平增长往往出现停滞。这一现象也被称为中等收入陷阱。该现象的出现也成为新兴“中等收入阶层”脆弱性的源泉。中等收入阶层要求获得更多更好的公共服务，陷阱的出现则会降低社会流动，形成更为动荡的社会环境。

亚洲新兴经济体在世界财富转移过程中不断增长的活力对拉美地区许多制造业部门的竞争力构成挑战

中国的发展模式结合了要素禀赋、规模经济和生产率，从而显著提升制造业部门的竞争力。而拉美则在提升生产率水平方面面临着系统性问题。这主要是产业结构异质性和低储蓄率等发展模式特有的制约因素造成的结果。来自亚洲新兴经济体不断加剧的竞争放大了上述制约因素所带来的影响，也抵消了一些拉美国家所具有的天然优势，如地理上靠近美国。拉美的这一去工业化趋势是内外部因素共同作用的结果，可以通过培养生产更高端产品的新能力加以克服。

与此同时，亚洲经济体生产结构的转变也为拉美带来了新的贸易机遇

随着新兴经济体收入水平的不断提升，其产业结构也更倾向于生产高端产品，并增加劳动密集型产品的进口。这也为受中国和印度经济开放影响最为严重的拉美出口国提供了新的贸易机会。对拉美国家利用上述机遇的潜力进行评估的一种方式是衡量其经济多元化水平，即计算该国拥有显性比较优势的经济部门的数量。另一种进行评估的方法是衡量一个国家出口产品篮子的关联度水平，即计算生产某种产品能够引发另一种技术相关产品生产的概率。因此，关联度便成为衡量两种产品间接近程度、密集程度和关联性的代理变量。无论从多元化程度，还是关联度方面进行衡量，拉美均具备不断增长的潜在收益（见图0.2）。这为拉美融入新的全球价值链、推动经济结构转型提供了机遇，使各国有可能出口日益高端化的产品，

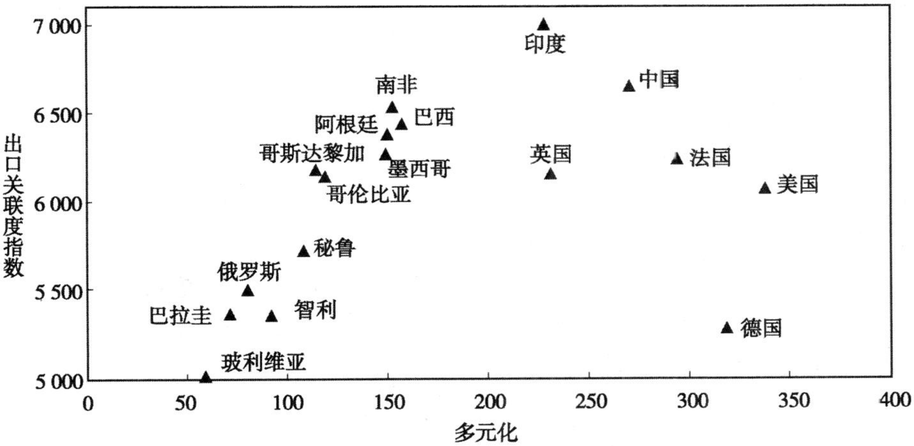

图0.2　出口多元化和关联度（2009年）

注：横轴为多元化程度，即各国具有显著比较优势部门（VCR > 1）的数量。纵轴为出口篮子关联度指数，通过“潜在Expy”变量衡量（具体方法参见附录2. A2）。

资料来源：根据COMTRADE和Feenstra，R. et al.（2005），“World Trade Flows：1962～2000”，NBER Working Paper N° 11040。

统计链接：http：//dx. doi. org/10. 1787/888932906673.

并通过这些产品生产带动其他出口产品的发展。

拉美需要通过深化区域市场和获得更多附加值来推动出口多元化

两个并不相互排斥的政策选项能够有助于在难以在价格上与亚洲制造业大国形成竞争的背景下，推动地区出口的多元化。第一项战略是深化与世界其他地区相比规模小得多的拉美区内贸易。例如，可以利用出口结构的差异，增加中美洲与南美洲之间、南方共同市场国家与安第斯共同体国家之间的贸易量。鉴于区内贸易的主体为高附加值产品，特别是制造业的产业内贸易，贸易量的增加有助于促进地区出口多元化进程。第二项战略是争取在贸易中获得更多的附加值。实际上，生产过程碎片化分割和作为组织模式规则的全球价值链的出现已经改变了多元化的规则。目前，上述网络的形成可以允许各国仅专门负责生产过程中的一些具体任务，而无须完成产品最终生产所需的所有步骤。此外，在一些制造业和初级产品领域，拉美国家提供的有关服务也有可能成为提供附加值的另一潜在源泉。

为实现生产结构的高端化和多元化，拉美地区还需要提升生产率水平

由于地区各国的技术能力与最佳国际实践形成的技术边界水平相比仍存在差距，拉美国家面临着外部缺口。此外，由于不同部门间与一个部门内部的生产率水平的差异，拉美国家还面临着内部缺口。实际上，低生产率已经成为制约地区国家创造高附加值、获得经济可持续增长的主要障碍之一。大部分拉美和加勒比国家与发达国家之间的生产率差距仍在拉大，而亚洲国家则缩小了这一差距（见图 0.3）。此外，随着生产率差距的拉大，地区国家之间的异质性也在不断增强。为了降低经济结构的异质性、提高生产率水平，拉美国家需要推动生产结构的多元化和复杂化，并纳入更多的科技含量。拉美国家追赶成功的案例中，大部分与推动新兴经济部门或产业活动发展有关。结构转型是缩小与发达国家生产率差距的核心因素，也是推动更加包容的经济增长必不可少的条件。

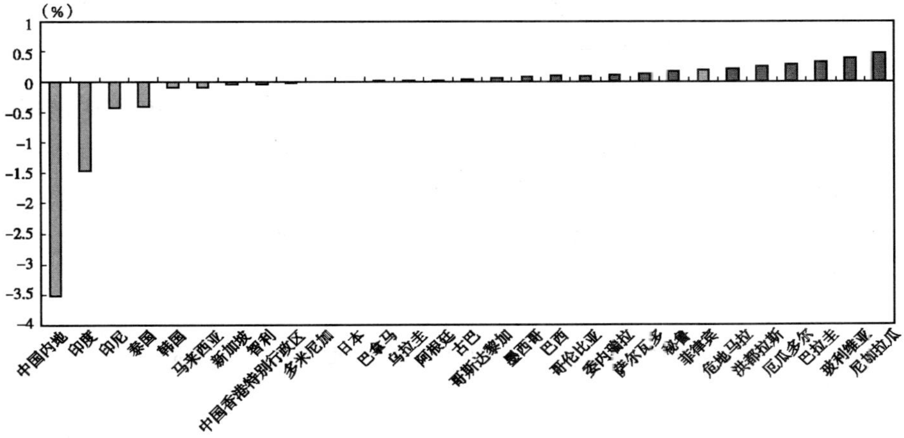

图 0.3　1980～2011 年部分亚洲和拉美国家或地区相对于美国生产率缺口变化情况（劳动者人均年化 GDP 增长率）

资料来源：根据世界银行世界发展指数和 CEPALSTAT 数据编制。

统计链接：http：//dx. doi. org/10. 1787/888932906787.

技术创新是推动结构转型，促进经济增长良性循环的关键因素

技术进步是推动结构转型的关键因素之一。大众科技的普遍传播与生产结构多元化和复杂化之间存在直接联系。由于拉美在一些关键技术领域处于落后状态，上述联系并不显著。拉美应利用新技术，发展能够推动经济进一步增长的行业部门和市场。

一些拉美国家的生产结构过度集中在原材料出口部门

许多发达国家的经济活动也曾在初始阶段集中在自然资源出口部门。然而它们以初始资源禀赋为基础，推动了新的产业部门和更加高端经济活动的发展。这些国家通过制定经济和产业发展战略，将自然资源出口收入投入发展更加多元化、包含更多技术和知识含量的经济结构。拉美在生产高端化指标方面仍很落后，如科技投入、知识密集度和出口产品适应性等指标。这些指标对于推动结构转型至关重要。

拉美从自然资源出口型模式转型为知识密集、融入世界经济模式的进程有助于提升就业质量，巩固中等收入阶层的发展

拉美一些国家生产率的停滞不前意味着，生产率在过去10年中出现的增长仅仅是劳动力数量增长的结果。拉美国家结构转型的核心问题在于如何将劳动力从生产率低、非正规程度高的部门转移到生产率高、能够形成产业链并推动知识转移的部门。各国需要推动结构转型，以创造高质量就业，促进技术、知识密集型产业的发展。

重新制定工业政策是拉美和加勒比经济发展新战略的核心内容

目前，制定工业政策再次成为发展中国家关注的焦点。这很大程度上受到亚洲经济体通过公共部门的引导和推动促进经济转型进程成功经历的影响。各国在制定工业政策时应注重合法性，需要获得坚定的政治支持，否则拉美国家很难充分抓住新技术革命的机遇，推动基于知识和能力的新型专业化分工。

工业和生产率发展政策需要获得作为结构转型基本支撑的物流状况改善的支持

物流的概念涉及生产和贸易的诸多基本要素，可以界定为将产品和服务从生产地运输至最终消费者所需的所有服务和过程。物流成本和质量对于实现经济可持续增长而言具有至关重要的意义。分析表明，物流服务的改善能够显著提升地区劳动生产率（见图0.4）。实际上，如果通过引入影响经济发展的其他变量加以分析，可以看出，物流状况的改善能够显著提升生产率，促进出口高端化。具体来说，物流指数每提升一个等级，劳动生产率能够增加约35%。

尽管拉美大力推动自由贸易协定的签署，各国在降低物流成本方面需要付出同样或更大的努力

以对美出口为例，美国所有的贸易伙伴与该国贸易的运费成本平均不到通关成本的2倍，但拉美的这一成本则接近9倍。此外，与最终产品相

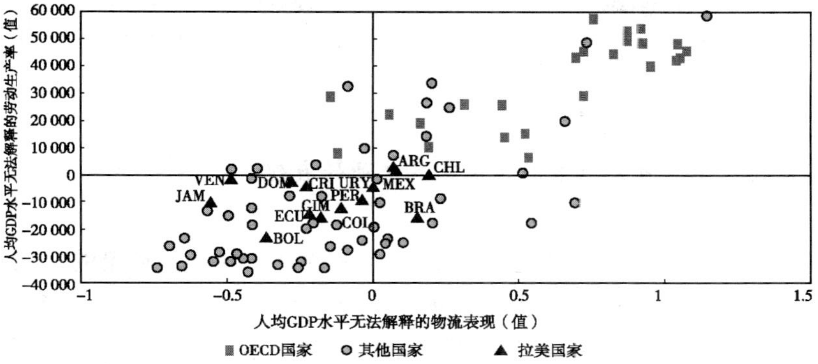

图例：ARG，阿根廷；BOL，玻利维亚；BRA，巴西；CHL，智利；COL，哥伦比亚；CRI，哥斯达黎加；DOM，多米尼加；ECU，厄瓜多尔；GTM，危地马拉；HND，洪都拉斯；JAM，牙买加；MEX，墨西哥；NIC，尼加拉瓜；PAN，巴拿马；PER，秘鲁；PRY，巴拉圭；SLV，萨尔瓦多；URY，乌拉圭；VEN，委内瑞拉。

注：图中为2012年数据。衡量局部关联度使用人均GDP为控制变量。通过DFBETA标准法剔除异常值（没有一个拉美和加勒比国家被剔除）。劳动生产率被定义为2012年单位美元雇佣劳动者生产出的GDP，经购买力平价调整。物流绩效指数（LPI）由世界银行制定。智利和墨西哥按拉美国家、而非OECD成员国归类。
资料来源：根据The Conference Board Total Economy Database，世界银行（LPI），Comtrade数据编制。

图 0.4　物流与劳动生产率：局部关联度

统计链接：http：//dx. doi. org/10. 1787/888932906882.

比，零部件贸易对物流表现改善的敏感度要高出近 50%。因此，改善物流状况在将拉美经济融入全球价值链方面发挥着基础性的重要作用。物流成本的降低对发展区内贸易发挥着同样重要的作用。为此，拉美需要完善陆地运输监管的标准化操作，打造陆路走廊，改善各城市和港口的物流联系。最后，物流成本的降低特别有利于中小企业的经营状况。受规模所限，中小企业无法实现全部生产过程的内部化，需要借助有利于降低成本的外部环境开展企业间贸易。由于拉美国家的就业与 GDP 高度集中在这些企业之中，物流成本的下降将显著增强地区的竞争力。

鉴于拉美物流密集型、时间敏感型出口产品所占份额高出 OECD 国家 3 倍，改善物流的需求显得更为迫切

通过每个行业所需物流成本或时间的计算得出的物流强度指标有助于量化评估物流条件对各行业的影响。拉美国家生产体系对物流条件的敏感程度远高于 OECD 国家。平均而言，拉美地区总出口的 57% 属于时间敏感型或物流密集型产品，而 OECD 国家的平均值仅为 17%。在拉美国家的贸

易分工结构中，物流密集型资源产品和农产品、服装等对运输时间要求高的产品占有很高比重。因此，物流领域面临的挑战严重制约了地区的竞争力。

基础设施不足也影响着拉美国家物流业的表现

拉美交通领域的基础设施最为落后，一些国家单位集装箱的国内运费是世界上最昂贵的。拉美的物流成本为产品价值的18%～35%，而OECD国家则约为8%。拉美的公路体系最为落后，有关指标低于中等收入国家标准。与此同时，联运选择的缺乏导致物流成本增加57%，降低了拉美的竞争力和融入国际市场的能力。运输方式以公路为主（在各种运输模式中所占比重为美国的15倍），而非其他效率更高的运输模式，影响了不同运输模式之间的互补性。最后，拉美交通运营承包体系机构监管能力的薄弱也导致难以推动基础设施领域的大规模私人投资，并无法从中获得预期收益。

尽管交通基础设施不足是物流表现低下的硬约束，但一些“软方案”也能够大幅降低物流成本

拉美需要采取一系列政策，从软硬两个方面改善物流状况。硬件主要指交通基础设施。鉴于所需投资巨大，硬件在短期内很难得到改善。因此，各国需要同时对软件加以改善，包括加强体制建设和监管能力。各国应制定全面的物流政策，推动现代仓储服务的发展，提高通关认证效率，整合使用新的信息和通信技术。与此同时，拉美国家还需要采取措施，加大交通行业的竞争性。上述措施有助于提高既有基础设施的使用效率，实现物流成本的最小化。

缩写和简写

ALC	拉丁美洲和加勒比
ANSA	东南亚国家联盟
APPs	公私部门合营
BAD	亚洲开发银行
BBVA	西班牙对外银行
BEC	广义经济类别分类
BID	美洲开发银行
BIS	国际清算银行
BM	世界银行
CAF	拉丁美洲开发银行
CARICOM	加勒比国家共同体
CEI	国际经济中心
CELADE	拉美和加勒比人口中心
CEPAL	联合国拉美和加勒比经济委员会
CGV	全球价值链
CGAP	扶贫咨询集团
COMTRADE	联合国贸易统计数据库
COSIPLAN	南美基础设施规划委员会
EID	一体化和发展轴心
EIU	《经济学家》信息部
EMAT	中高技术产品出口
ESCAP	亚太经社委员会

ETI	贸易便利指数
EXPY	按人均 GDP 计算的出口发展指数
FAO	联合国粮农组织
FED	联邦储备体系
FMI	国际货币基金组织
FONPLATA	拉普拉塔流域发展金融基金
FUGE	外贸统一表格
I + D	研究与发展
IA	适应性指数
IATA	国际空运协会
IED	外国直接投资
IFS	国际金融统计
IIF	国际金融协会
JETRO	日本贸易振兴机构
LPI	物流业景气指数
NBER	美国国家经济研究局
OECD	经济合作与发展组织
OMC	世界贸易组织
ONUDI	联合国工业发展组织
PIB	国内生产总值
PM	中美洲地峡地区项目
PPA	购买力平价
Pymes	中小企业
QE3	美联储量化宽松计划
S&P	标准普尔
SELA	拉美和加勒比经济体系
SELIC	清算和保管特别体系
TCR	实际汇率
TIC	信息和通信技术
TLCAN	北美自由贸易协定

UNASUR	南美国家联盟
UNCTAD	联合国贸易和发展大会
VUCE	外贸单一窗口
WDI	世界发展指数
WEF	世界经济论坛
WEO	《世界经济展望》

目　　录

第一章　宏观经济展望 ……………………………………………… (1)
导言 ………………………………………………………………… (1)
全球放缓背景下的拉美经济增速下降 …………………………… (2)
全球资本市场变化对拉美金融体系的影响 ……………………… (16)
财政政策空间 ……………………………………………………… (28)
结论和建议 ………………………………………………………… (36)
参考文献 …………………………………………………………… (39)
第二章　拉美在世界财富转移进程中的地位 ……………………… (43)
导言 ………………………………………………………………… (43)
世界财富的转移：主要特点 ……………………………………… (44)
拉美对世界财富转移进程的参与 ………………………………… (48)
面向世界财富转移的第二阶段 …………………………………… (55)
面向为发展服务的国际融入：拉美的选择 ……………………… (60)
结论 ………………………………………………………………… (69)
附录 2. A1　拉美多元化进程中的行业演变（1990～2009 年） …… (70)
附录 2. A2　变量定义 ……………………………………………… (73)
参考文献 …………………………………………………………… (77)
第三章　拉丁美洲的生产率、结构变化与生产多元化 …………… (85)
导言 ………………………………………………………………… (85)
生产率与结构变化：相关概念 …………………………………… (86)
生产结构、产业活力和专业化：比较分析 ……………………… (90)
通讯技术可作为结构变革和增长的补充资产 …………………… (99)

生产率与就业 …… (102)
结论与政策建议 …… (106)
附录3. A1　衡量生产结构技术密集度与复杂性的指标 …… (109)
参考文献 …… (111)
第四章　拉丁美洲促进物流的政策 …… (114)
导言 …… (114)
物流，发展和竞争力的关键因素 …… (115)
拉美地区国家的物流绩效：异质性和各种挑战 …… (117)
物流及其在经济部门中的使用强度 …… (125)
物流绩效的改善为本地区带来的潜在益处 …… (129)
拉丁美洲促进物流的行动 …… (135)
结论 …… (146)
参考文献 …… (148)
译者后记 …… (155)

图表目录

表 1.1　拉美和加勒比地区的出口情况（平均增长率、贡献率和比重）…………（11）
表 1.2　不同方法界定的拉美信贷繁荣场景（1970 ~2013 年）………（24）
表 3.1　生产结构和技术能力指标…………（95）
表 3.2　中 - 高技术产品出口份额…………（98）
表 3.3　增长、通讯技术和结构变化（因变量：人均 GDP 增长率）…………（102）
表 4.1　物流密集型部门…………（126）
表 4.2　时间敏感型产品…………（127）
表 4.3　区域一体化轴心及其优先项目和出口…………（133）
图 0.1　拉美和加勒比地区经常项目余额占 GDP 的比重…………（2）
图 0.2　出口多元化和关联度（2009 年）…………（5）
图 0.3　1980 ~2011 年部分亚洲和拉美国家或地区相对于美国生产率缺口变化情况…………（7）
图 0.4　物流与劳动生产率：局部关联度…………（9）
图 1.1　全球商品和服务贸易量的变化…………（5）
图 1.2　拉美进出口量和价格的变化…………（6）
图 1.3　拉美和加勒比地区经常项目余额占 GDP 的比重…………（7）
图 1.4　6 月 19 日时间对部分拉美国家各类金融资产的影响…………（9）
图 1.5　部分拉美国家初级产品出口的比重及出口产品构成…………（13）
图 1.6　拉美的工业生产和销售（国内销售与工业产值）…………（15）
图 1.7　私人部门信贷变化（占 GDP 比重）…………（19）

图 1. 8　国内私人部门信道增长及存—贷款系数变化（2008 ~ 2011 年） ……………………………………………………… （20）
图 1. 9　部分拉美国家的信贷繁荣（私人部门信贷） ………………（22）
图 1. 10　各地区宏观审慎政策的使用强度…………………………（26）
图 1. 11　拉美公共支出实际增长和长期 GDP 增长水平 ……………（29）
图 1. 12　2012 年部分拉美国家财政清偿指标 ………………………（31）
图 1. 13　拉美债券收益率以及全球风险厌恶指数变化………………（33）
图 1. 14　能够进入资本市场融资国家债务水平变化与危机前后利差变动之间的关系…………………………………………（34）
图 2. 1　经济活动人口（当前值和预测） ……………………………（45）
图 2. 2　各地区对全球经济增长的贡献（1990 ~ 2012 年） …………（50）
图 2. 3　拉美：与中国经济周期的同步性（1998 ~ 2012 年） ………（52）
图 2. 4　各行业生产分工情况 …………………………………………（53）
图 2. 5　生产能力指标（1990 年与 2009 年对比） …………………（55）
图 2. 6　出口的多元化及相关性（2009 年） …………………………（58）
图 2. 7　高端制造业部门的密度（2009 年） …………………………（59）
图 2. 8　区内出口（2011 年，占总出口的百分比） …………………（62）
图 2. 9　附加值、贸易分工和生产能力（2009 年） …………………（64）
图 2. 10　拉美：服务活动的附加值（2009 年） ……………………（67）
图 2. A1　各国出口的多元化程度（1990 ~ 2009 年），根据 Leamer 分类 ………………………………………………………（72）
图 3. 1　1980 ~ 2011 年间亚洲和拉美选定国家及地区与美国的生产率差距变化（年度劳动力平均 GDP 增长率,% ） ……………（88）
图 3. 2　拉美地区针对创业促进的政策工具：各国比较 ……………（90）
图 3. 3　2007 年相对生产率、专业化与技术密集度 …………………（92）
图 3. 4　互联网渗透率与高端出口的关系（2003 ~ 2008 年均水平） ………………………………………………………（100）
图 3. 5　1980 ~ 2010 年所选国家的劳动生产率动态与附加值变化……………………………………………………（104）
图 3. 6　技术密集度和工资分配……………………………………（105）

图 4.1　物流和经济绩效：偏相关分析 ………………………………（118）
图 4.2　同经合组织的最好水平相比的物流鸿沟（2012 年） ………（119）
图 4.3　实体行业企业对国际贸易手续的感觉，2011 年（或最近年份） ……………………………………………………………（124）
图 4.4　时间敏感型和物流密集型出口（2010 年）（百分比）………（128）
图 4.5　运费和关税的关系（2012 年） ……………………………（130）
图 4.6　巴拿马型船和超巴拿马型船的对比 …………………………（138）
图 4.7　索要黑钱（2012 年）（占受访物流业内人士百分比）………（142）
图 4.8　技术获得和物流绩效：偏相关分析（2012 年） ……………（145）
专栏 1.1　美联储宣布逐步撤出货币刺激措施对拉美金融市场产生的影响 ………………………………………………………（8）
专栏 1.2　对信贷繁荣的预测：事后指标与实时指标 ……………（23）
专栏 1.3　国内经济基本面与全球因素在拉美主权债券利差中的相对重要性 ……………………………………………………（34）
专栏 2.1　中国和拉美经济周期的同步性 ……………………………（50）
专栏 2.2　拉美自然资源出口国通过产品空间实现多元化 …………（65）
专栏 3.1　生产率差距（拉美和亚洲比较） …………………………（87）
专栏 3.2　拉丁美洲立足于推动创业 …………………………………（89）
专栏 3.3　关于多元化、技术和生产率的简要文献综述 ……………（91）
专栏 3.4　自然资源与出口多元化：从诅咒到祝福？ ………………（98）
专栏 3.5　伴随结构变化的增长与通讯技术 ………………………（101）
专栏 4.1　一体化走廊和地区经济发展：南美洲区域一体化基础设施倡议（IIRSA） …………………………………………（132）
专栏 4.2　提高海运物流能力的项目 …………………………………（137）
专栏 4.3　通过 TIC 提高哥伦比亚边境效率 ………………………（144）

第一章　宏观经济展望

拉美经济面临着由外部需求下降和本身结构性制约因素所导致的增长率放缓。尽管目前的增速放缓并不剧烈，但有理由表明，如不采取提升地区经济增长能力的政策措施，这种放缓现象将持续。在这种情况下，本章将对三个较为突出的方面以及能够降低有关脆弱性的政策加以分析。首先，本章将分析外部环境的变化及其对外需的影响，阐述地区贸易分工模式导致的一些脆弱性，以及内需成为支撑经济增长进程源泉的局限性。其次，在美国货币政策走向和国际资本市场流动性情况存在高度不确定性的背景下，本章将对地区金融体系在确保金融经济稳定方面存在的潜在风险加以评估。最后，本章将对地区的财政政策和财政活动空间的发展演变进行研究。对于拉美经济体而言，能够推动财政活动空间可持续发展的机制和规则至关重要。因此，除了数量上的增加以外，加强公共投资的效率和有效性对于满足新的需要和需求也十分重要。

导　言

在经历了国际金融危机也未能中断的持续快速增长周期之后，拉美今天正步入增长放缓期。尽管目前的增速放缓并不剧烈，但有理由表明，如不采取提升地区经济增长能力的政策措施，这种放缓现象将具有持续性。在许多国民业已摆脱贫困状态、成为中等收入阶层的情况下，经济增速的下降将会给拉美各国带来严重的影响。一般而言，增长率的下降意味着所创造就业岗位的减少、工资增长的下降和财政空间的缩小，使各国政府难以满足民众对公共服务和产品日益增长的需求。

拉美当前面临的国际环境主要是外部需求的减少和融资环境的更大不确定性。后者则是美国货币政策回归常态所导致的。平均而言，拉美地区外部融资需求较为缓和，资产和负债结构也有助于减少收支平衡方面的风险。一些国家的经济基本面稳健，另一些国家，特别是加勒比国家所面临的制约因素显著较多。在采取反周期措施、应对总需求进一步下降的财政活动空间方面的情况也较为相似。拉美地区许多国家的财政结余情况出现恶化，一些国家则利用有利的融资条件和货币估值效应降低了负债水平。在许多拉美国家经历了显著的信贷扩张周期之后，美国货币政策回归常态也对拉美金融体系带来挑战。为此，需要对地区金融体系的稳健运行进行监控，并采取适当措施对此加以保障。特别需要设定系统性风险指标，并建立适当的信贷监控体系，采取宏观审慎措施，以预防和减少可能出现的金融稳定问题。

本章共分为四节。第一节分析拉美的外部环境及其对拉美宏观经济结构和基础的影响。特别需要指出的是，由于贸易和分工模式的不同，包括发达国家和部分新兴经济体在内的全球增长放缓对地区国家产生了显著而有区别的影响。例如，原材料出口国面临着中国增速放缓以及中国需求增长来源加速调整的风险。[1]与此同时，第一节还分析有关美国货币政策正常化节奏更大的不确定性所带来的风险。第二节则在上述背景下研究拉美经济体系的稳定问题，并建议采取一些降低风险的宏观审慎措施。第三节则分析各国的财政空间，以采取反周期政策措施，并在基础设施和物流领域开展投资，从而提升潜在的 GDP 增长。最后一节则归纳出一些结论，并提出有关政策建议。

全球放缓背景下的拉美经济增速下降

本节将讨论与中短期外部环境有关的四个方面内容：一是介绍主要市场未来 5 年的预期增长；二是分析全球放缓对拉美经济的影响；三是重点分析在外需进一步恶化的情况下拉美经济体的脆弱性；四是讨论依靠内部消费需求维持当前增长率的局限性，并就如何应对较为不利的外部环境提出一些政策选择。

对全球中期增长放缓的解析

世界经济未来5年的平均预期增长率将不超过4.1%

全球经济业已进入低速增长期。2010年世界经济增长达5.2%，走出了衰退，但世界经济增长随后再次遭到削弱。尽管全球经济表现在未来几年中有望逐步好转，但仍难以达到金融危机前的增长水平。实际上，2003~2007年，全球经济年均增长达4.8%，远高于之前几十年的平均水平。据国际货币基金组织预测，未来5年的世界经济年均增长将不超过4.1%。鉴于拉美经济活动与国际经济、金融周期的关系密切，全球环境无法改善对地区增长而言构成沉重的负担。

全球经济状况也远非完全一致。新兴经济体仍然保持增长引擎的地位，发达经济体则将保持低速增长。尽管美国经济复苏的信号越来越多，日本经济也开始出现积极迹象，但欧洲仍陷入衰退。另外，虽然以印度和中国为代表的新兴经济体的增速出现放缓，但仍远高于世界平均水平。

就中期前景而言，发达经济体的增长率将低于危机前平均水平。美国的复苏势头似乎有巩固的迹象，这反映在就业水平、房地产行业、信贷活动和贸易收支的持续好转上。然而，美国目前的财政整顿进程将削弱未来几年经济活动可能获得的财政支持。预期2013~2014年，美国仍将受到“财政悬崖”（即如果国会未能就财政上限达成协议，公共支出将自动削减，以实现预算目标）影响。自2015年起，财政支出将逐步削减。因此，预计美国2013年将实现1.7%的增长（OECD，2013a）、2014年增长将达到2.8%（OECD，2013b），2015~2018年的增长则将位于3.5%~2.9%（FMI，2013）。随着复苏势头的不断巩固，美国的货币政策的扩张性有望降低。

欧元区自2011年第四季度以来持续出现负增长，预期2013年衰退仍将持续，仅在年底可能略有好转。最近的工业生产和消费者及投资者信心指数显示，衰退可能正在见底，但复苏仍将是缓慢的过程。欧元区各国均在进行财政整顿，边缘国家私人部门的去杠杆化进程仍在持续，并可能遏制需求恢复。此外，信贷方面并未显示出进一步复苏的信号。高失业率和家庭可支配收入增长乏力的前景不利于债务减少。欧元区预计 2013 年将收缩 0.6%，2014 年的增长将仅为 1.1%（OECD，2013b）。这将会使得欧元区货币环境有望在未来 2 年中保持宽松。在未来的 4 年中，尽管复苏势头可能巩固，欧元区的增长将持续乏力，保持在 1.5% 的区间（FMI，2013）。

最后，得益于自 1 月份开始实施的货币、财政刺激措施，日本开始出现一些逐步复苏的迹象。最重要的一些积极信号包括投资者预期改善、出口和工业生产增加与一些产品的价格出现上涨。然而，对日本这一世界第三大经济体未来几年的表现过分乐观。一方面，作为财政整顿的措施，消费税的上涨部分抵消了 2013～2014 年支出扩张的效果。此外，正如之前的经验所显示的，在未来两年中将基础货币扩大一倍并不能保障能够对经济活动发挥重要支撑作用的中介金融机构的发展。总之，2013 年和 2014 年，日本的增长预期分别为 1.6% 和 1.4%（OECD，2013b）。

另一方面，尽管新兴经济体仍将保持高速增长，但也出现了增速放缓的迹象。特别是中国的增长率较上一个 10 年超过 10% 的增速出现了显著下降。2013～2017 年，中国的 GDP 平均增长预计为 8.3%（OECD，2013c）。[2] 中国面临着外需不振的局面，中国的增长模式中的风险因素也使其难以重现上一个 10 年的高速增长。例如，2008 年危机爆发后，中国投资的扩大在很大程度上弥补出口对增长贡献的下降。尽管投资在中国经济尚未实现向内需拉动型转型之前仍将发挥引擎作用，制造业产能过剩积累的风险也限制着投资的进一步扩张。另外，金融危机后旨在拉动需求的信贷快速扩张似乎也在达到极限（2008～2013 年第一季度流动性扩大了 145%）。近期，中国政府为避免金融中介机构通过非银行融资工具过度承担风险，在银行间市场引入流动性限制措施，从而导致信贷市场环境收紧。[3] 在中国经济超预期减速的迹象越来越显著的时刻，上述措施与货币政策的顺周期性形成鲜明对比，将对需求机制产生影响。

上述情况将给拉美带来哪些影响？

虽然国际环境仍强于几十年前，但衰退的有利一面通过三个途径对拉美经济增长产生影响：国际贸易量、原材料价格以及获得信贷的金融环境恢复常态化。

全球贸易量的增长率从上个10年的7%以上降至2012年的4%

首先，全球增长乏力意味着国际贸易放缓。实际上，全球商品和服务贸易量的增长率从上个10年的7%以上降至2012年的4%左右，预计未来几年也难以超过6%。这当然也意味着对拉美地区出口的商品和服务需求的减少，进而导致产量下降。拉美经济增长与国际贸易量增长之间存在密切的关联（见图1.1左侧）。

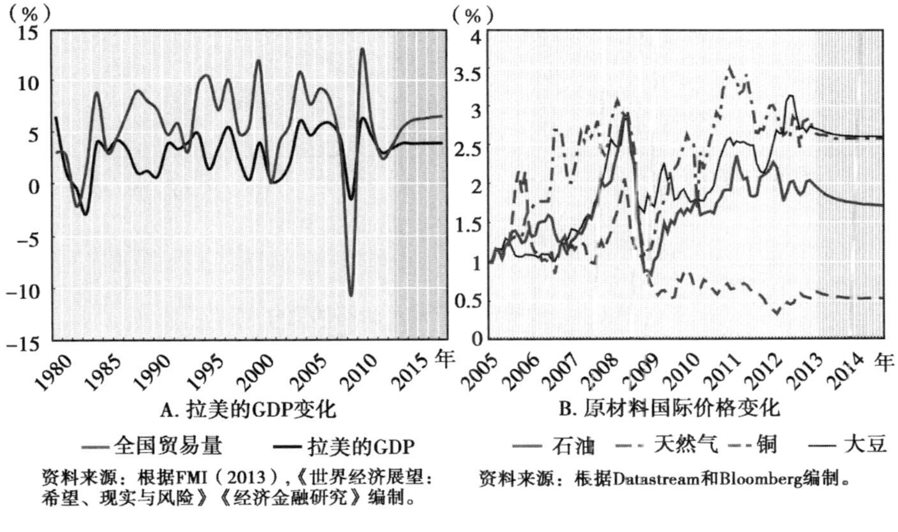

图1.1　全球商品和服务贸易量的变化

统计链接：http：//dx. doi. org/10. 1787/888932906312.

其次，全球需求的减少遏制了原材料价格的上涨。而原材料产品正是南美国家的主要出口产品。自2012年起，拉美出口的主要原材料价格出现退烧（见图1.1右侧）。特别是以铜为代表的工业用金属自2011年中期开始经历大幅度的价格调整。尽管在未来两年中难以出现大幅下降，但价格上升同样遥遥无期。虽然原材料产品的价格仍在历史高位徘徊，但这种情况也对拉美地区产生影响。在过去10年中，原材料价格出现快速上涨，出口国可支配收入不断增加。与此不同的是，未来通过贸易条件改善提升收入状况的情况可能难以再现。实际上，自2011年起，拉美的出口量出现相对较缓慢的增长，而由于内需强劲和本币升值，进口量增长更为迅速（见图1.2左侧）。另外，自2011年起，随着拉美出口的主要原材料产品的价格出现下降，地区出口产品整体价格开始缓慢下降。而由于国际范围内未出现通胀压力，进口价格保持稳定（见图1.2右侧）。

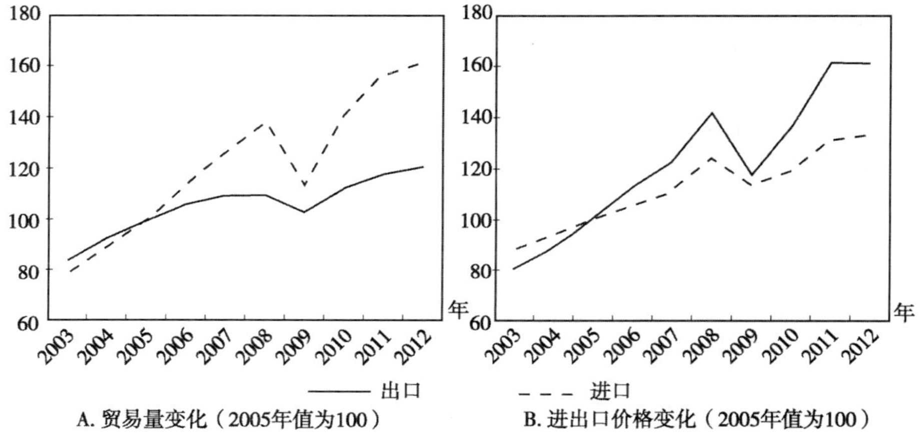

图1.2 拉美进出口量和价格的变化

资料来源：根据Datastream数据编制。

统计链接：http：//dx. doi. org/10. 1787/888932906331.

2012年经常项目加总赤字占GDP的1.8%，处于相对可控的水平

一般而言，上述情况导致拉美国家外部收支状况的恶化（见图1.3），降低了外需对经济增长的贡献。虽然近期出现恶化，拉美2012年经常项目加总赤字占GDP的1.8%，与20世纪90年代的状况相比仍处于相对可控的水平。根据最新预测，2013年经常项目赤字将略微上升至占GDP的2%（CEPAL，2013）。然而平均水平掩盖不住各国存在的巨大差异。一方面，油气净出口国保持着大量的经常项目盈余（2012年，特多为GDP的8.4%，玻利维亚为4.5%，委内瑞拉为4%）。另一方面，许多中美洲和加勒比的原料产品净进口国的经常项目赤字超过GDP的10%。南美国家赤字一般较低，

甚至保持盈余（从哥伦比亚的赤字占 GDP 的 3.2% 到阿根廷相当于 GDP 0.3% 的微幅盈余）。墨西哥的赤字则占GDP 的 0.7% 。

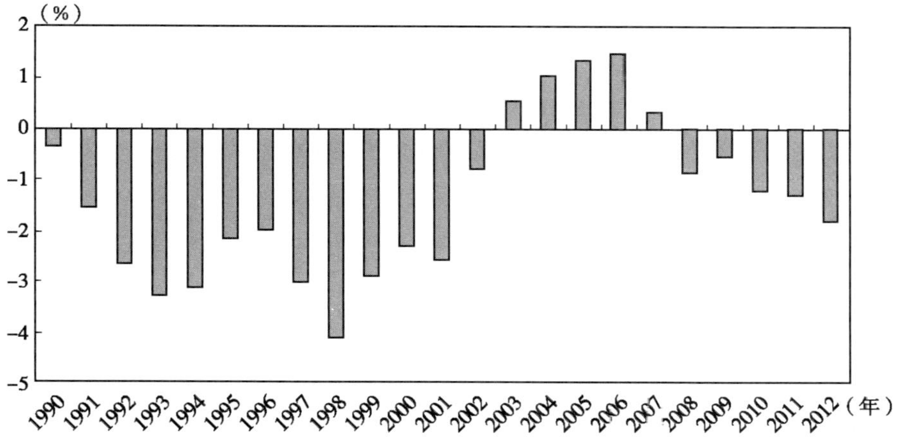

图 1.3　拉美和加勒比地区经常项目余额占 GDP 的比重

资料来源：根据 CEPAL（CEPALSTAT）数据编制。

统计链接：http：//dx. doi. org/10. 1787/8889329063590.

推动资本流入新兴市场的有利条件发生不利转变

与低速增长和外部账户恶化同步出现的还有获得信贷条件的常态化，从而导致外部融资成本逐步增加，新兴市场资本流入减少。2013 年 6 月中旬，美联储宣布将从 2013 年年底开始逐步削减 QE3 计划项下的资产购买，预计至 2014 年中实现全面退出。[4] 根据经济恢复巩固的情况，美联储将自 2015 年起提高利率。作为对上述措施的提前反应，国际投资者开始清空新兴市场头寸，从而导致新兴经济体信贷条件趋紧：资本净流入下降和利差扩大（见专栏 1.1）。虽然上述情形会提升外部融资成本，但并不意味着会产生巨大困难，也不是说资金流会一下子蒸发。流入包括拉美在内的新兴市场的资金流并未蒸发，这一情况也预计不会在未来几年出现。[5] 发生的情形仅是资本流入的减少，而不是大规模的资金流出。这主要有两个原因。首先，尽管推动资本流入新兴市场的有利条件发生了不利转变，QE3 的退出将会是逐步进行的，预期美国国债的收益率也不会在短期出现急速上升。资金流和资产价格的调整部分已经提前进行。虽然美国的货币环境不再宽松，但欧洲和日本仍将保持宽松。其次，尽管新兴经济体出现减速，其基本面仍保持稳健，增长率仍将远高于发达经济体。因此，即使在对风险更加谨慎的环境下，新兴国家仍对投资者具有吸引力。

专栏 1.1　美联储宣布逐步撤出货币刺激措施对拉美金融市场产生的影响

6 月 19 日，美联储主席伯南克在记者会上暗示，美联储正计划自 2013 年年底削减资产购买计划（QE3）的规模。这导致资本市场的剧烈波动，特别是引发了资本大规模地从包括拉美在内的新兴市场的撤离。本专栏将对 5 个外汇、债券和股票市场关联程度较高的拉美国家金融资产（外汇、债券和股票）的变动情况加以分析，并得出一些重要结论。

下列图表比较了各国货币相对于美元的名义汇率、最具代表性的股票指数以及主权债券相对于国际债券的利差水平变化情况。在债券方面，6 月 19 日前后 5 国的变动情况均十分相似。自 5 月中旬开始，各国利差便出现不断扩大的趋势。在美联储作出上述宣布后，利差剧烈扩大了 20%，即上升约 40 个基点，但仍保持在相对较低的水平。在宣布不到一个月后，各国利差均恢复到了之前的水平。其他相似的资产，如高收益债券的表现也较为相似。然而，需要注意的是，参考利率水平，即美国 10 年期国债利率，从 6 月中旬到 8 月底上升约 60 个基点。因此，拉美的融资成本较前略有增加。此外，利差自 7 月底开始重回上升通道。

在外汇和股票市场方面，各国差距较为显著。智利、哥伦比亚、墨西哥和秘鲁的货币相对美元出现微幅贬值，相对于 2013 年 6 月 18 日的牌价幅度在 2% ~3% ，而巴西的雷亚尔则持续贬值超过 8% 。与此同时，巴西、哥伦比亚和墨西哥的股票市场基本恢复，而智利和秘鲁的股指仍保持着近 10% 的跌幅。这可能反映出各国市场的纠偏过程以及各国在上述事件发生前经济基本面的延续。

总之，虽然上述事件属于短期性，但引发了 5 国所有金融资产市场的大幅波动。然而，仅仅一个月后，一些资产的价格便向之前的正常水平回归（债券和外汇，除巴西外），各国股票和外汇市场的恢复情况呈现更大差异，但在主权债券利差方面十分一致。因此，美国货币刺激措施的退出可能给拉美市场带来更大的波动，各国需要更谨慎地使用各类政策工具（例如，对外汇市场进行干预），以减少波动性带来的次级伤害。与此同时，由于各国经济稳健程度不同，其表现也呈分化，需要夯实宏观经济基本面，降低脆弱性。

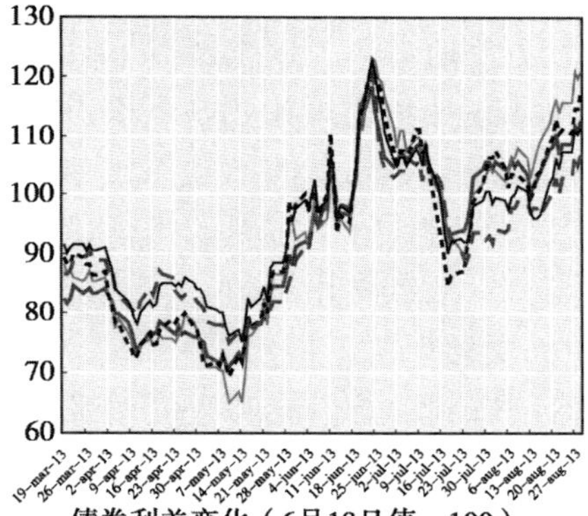

债券利差变化（6月18日值=100）

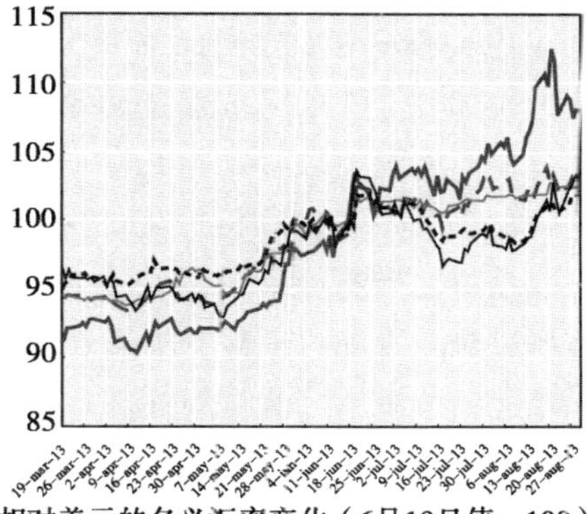

相对美元的名义汇率变化（6月18日值=100）

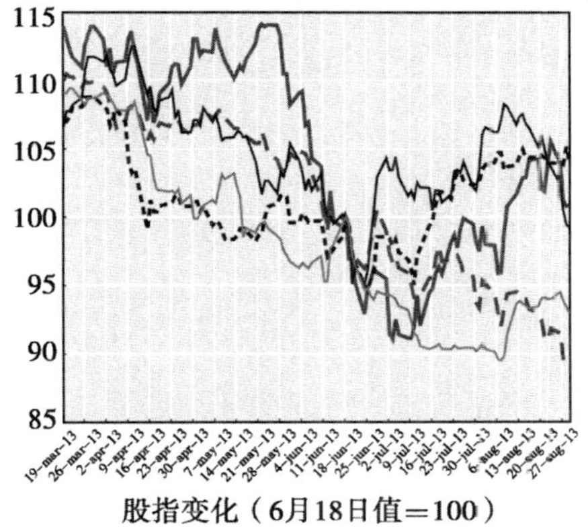

股指变化（6月18日值=100）

注：利差指各国以美元计算的主权债券相对于美国国债收益率的差额，由于P摩根大通计算：股指包括巴西的BOVESPA指数、智利的IPSA指数、哥伦比亚的IGBC指数、墨西哥的IPC指数和秘鲁的IGBVL指数。
资料来源：根据Datastream和Bloomberg数据计算编制。

——巴西　------智利　-----哥伦比亚　——墨西哥　——秘鲁

图 1.4　6 月 19 日时间对部分拉美国家各类金融资产的影响

统计链接：http://dx.doi.org/10.1787/888932906369.

虽然尚不至于发生挤兑事件，但外部融资条件趋紧将对地区经济带来影响。而具体的影响程度则取决于各国的融资需求以及各自冲击消化机制的状况。

拉美形势似乎相对可控。一方面，大部分地区国家的外部融资需求并不强烈，无须为了改善经常项目而对内部需求进行剧烈调整。但高赤字的中美洲和加勒比国家的脆弱性更为突出。无法完全进入国际资本市场的国家也在获取额外融资方面面临着困难。另一方面，拉美国家一般通过直接投资为大部分经常项目赤字提供融资。与证券金融投资相比，直接投资与外部信贷周期的关联并不密切。此外，拉美拥有较充足的国际储备和灵活的汇率，有助于缓和调整措施的冲击。与此同时，一些国家的央行已经开始采取预防性措施应对短期资本流的问题，以遏制本币升值，防止国内金融市场过热。因此，证券资本流入减少反而受到欢迎。[6]

总之，拉美地区面临的外部环境仍然是有利的，但有利程度不及前几年。这主要是由于全球增速放缓影响了对拉美出口的拉动，已经处于高位的原材料产品价格缺乏进一步上涨的空间，以及外部融资环境不再宽松。外部环境的主要风险包括欧洲危机的加剧、中国增长的急剧放缓或美联储超预期加速调整货币政策等。在下一部分，将对外部环境进一步恶化可能对拉美带来的影响加以分析。

外部环境进一步恶化将凸显拉美地区的脆弱性

拉美对全球经济增速调整的反应并不一致。除了全球经济增长率之外，各国的经济结构同样重要。出口产品的种类、对象国以及外部融资需求的具体规模等因素均对各国的反应产生影响。接下来，将根据拉美贸易分工模式对各国的宏观经济脆弱性加以分析。

在国际贸易方面，拉美的风险在于出口产品和贸易伙伴的高度集中。美国在拉美的出口中所占的比重为35%，仍是地区的最大贸易伙伴（见表1.1）。例如，墨西哥80%的产品出口到美国，哥伦比亚、哥斯达黎加和委内瑞拉对美出口占总出口的比重分别达43%、37%和28%。由于墨西哥对美出口大部分为作为价值链一部分的制成品，如电子、纺织、汽车和汽配等产品，该国相对于美国经济周期变动的脆弱性尤为突出。美国需求的变动对墨西哥的工业产量发挥着直接的影响。因此，墨西哥近期经济复苏与美国同步的情况并不奇怪。以对美工业制成品出口为主的中美洲国家同样具有高脆弱性。美国经济活动的减少可以通过工业生产收缩的途径对支撑这些国家增长的外部需求产生直接影响。与此不同的是，美国经济收缩将通过价格途径，而非贸易量的途径对原材料产品出口国、特别是油气出口国产生间接影响。拉美与欧洲的贸易联系相对较低（占总量的12%），但各国的具体情况并不相同（在贸易关系最为密切的国家中，巴西为22%，哥斯达黎加为18%，智利为17%，阿根廷和秘鲁为16%）。因此，虽然欧洲对地区产品和服务需求下降所带来的影响不容忽视，但对大多数国家而言，情况并不会太严重。

表1.1　拉美和加勒比地区的出口情况（平均增长率、贡献率和比重）

	1991～2000年			2001～2010年			2011年
地区	金额	数量	价格	金额	数量	价格	比重（%）
全球	10.8	9.6	1.1	10.1	4.9	5.1	100
拉美和加勒比	10.8	9.8	0.9	12.4	7.8	4.5	18
美国	16.3	14.2	2.1	6.7	3.2	3.4	35
欧盟	2.7	2.4	0.3	11	4.9	6.1	12
日本	0.5	-0.3	0.7	11.5	2.6	8.9	2
亚洲发展中国家	6.6	6.9	-0.4	25.1	14.4	10.7	7
中国	12.8	13.6	-0.8	29.9	17.3	12.7	8

资料来源：根据CAF（2013）贸易报告，加拉加斯。

受贸易分工模式的影响，一些拉美国家针对中国突然减速的脆弱性更为突出

对于以南美国家为主的原材料净出口国而言，最大的风险来自中国经济增长的突然减速。近10年中，中国在拉美外贸中的份量显著增加（从不到1%上升至8%），但各国的具体情况有所不同。中国在智利和巴西外贸中的作用尤为重要，对华出口分别占两国总出口的26%和19%。此外，两国对华出口产品集中在少数几种原材料上，其价格深受中国经济表现的影响。例如，据相关数据估算，中国投资增长每下降一个百分点会导致智利的

GDP增长减少0.4%。而巴西由于出口产品比智利更加多元化，且经济规模更大、更封闭，上述影响不到0.1%（FMI，2012）。墨西哥和中美洲国家对华出口所占比重较低，与中国有关的贸易风险不大。

中国从拉美进口的基本为原材料。欧美从拉美进口的原材料产品更加多元化，而中国进口的大部分为金属和矿产品。因此，中国的经济减速，特别是投资放缓，将给拉美金属产品出口国带来显著的直接影响（智利和秘鲁，对巴西的影响小一些）。中国经济的表现通过数量和价格两个方面对拉美国家原材料出口金额产生影响。实际上，中国在初级产品市场上发挥着重要的作用。例如，中国对铁、铜、铝和煤的需求分别占全球总需求的近60%、40%、42%和45%（BBVA，2012）。此外，有证据显示，中国的工业生产和投资状况对铜和基础金属的价格发挥着显著影响（Roache，2012；Ahuja y Nabar，2012）。中国需求的增长以及消费和投资平衡的状况对原材料的价格产生着不同的影响。因此，尽管加强对华贸易联系有助于抵御发达经济体减速的影响，但同时也在加大与中国经济周期和金融全球化相关的风险方面提出挑战（Levy Yeyati y Williams，2012）。

最近10年中最为突出的一个趋势是由于原材料的价格而不是产量快速增长，出口产品出现再初级化的现象（见图1.5）。这也使拉美国家更易受到原料价格波动的影响。此外，有研究显示，中国是在拉美出口向初级产品集中的过程中发挥决定性的作用（Fung，Garcia-Herrero y Nigrinis Ospina，2013）。目前，原材料出口占拉美全部商品出口的60%，而上一个10年之初，这一比重为40%。如果不包括墨西哥，这一比例接近80%。平均值并不能掩盖各国情况的差异。墨西哥原材料出口占出口的比重不到30%，而在委内瑞拉、厄瓜多尔和智利等国，这一比重要高得多（见图1.5左侧）。这其中部分原因在于价格的上涨。实际上，近10年中，拉美出口额增加的一半来自价格的上涨。而在20世纪90年代，则主要依靠出口量的增加（见表1.1）。但在一些国家，如哥伦比亚，这一增长仍来自出口量的扩大（CAF，2013）。

另外，各国集中出口的原材料产品并不相同。智利和秘鲁出口产品主要是金属。其中，智利以铜为主，而秘鲁则出口多种金属产品。委内瑞拉、厄瓜多尔、哥伦比亚、玻利维亚和墨西哥的出口以油气为主。乌拉圭、巴拉圭和阿根廷则主要出口食物类产品。食物类产品也是巴西出口的主要原

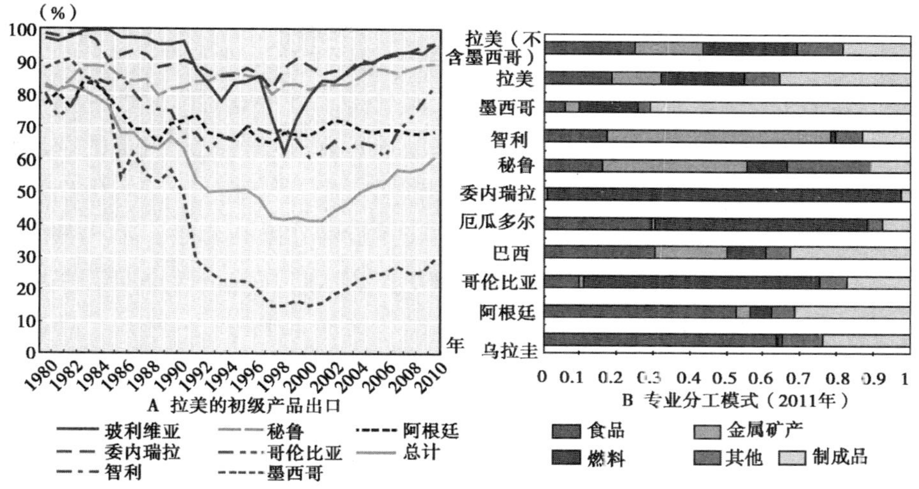

图 1.5　部分拉美国家初级产品出口的比重及出口产品构成

注：其他产品包括 SITC（rev3）21、24、25、26、29、667 和 9，主要为未被其他类别（9）和农业原材料所包括的产品。

资料来源：根据 CAF（2013）编制。

统计链接：http：//dx. doi. org/10. 1787/888932906388.

料型产品，金属、特别是铁矿砂的重要性也在不断增加。这种出口模式使得地区许多国家易受中国经济突然减速的影响。除了可能对中期增长带来的挑战之外，中国经济减速将主要通过原料价格对拉美产生影响（具体参见本报告第二章内容）。

内需变化

鉴于劳动力市场的良好表现、新兴中等收入阶层的不断扩大、有利的信贷环境和某些能够吸引国内外投资的生产部门的吸引力，在外需不振的情况下，国内需求将继续拉动拉美地区的增长。消费和投资对经济增长的贡献情况各国有别。在巴西，投资对经济增长的贡献率为 25%，而在智利、秘鲁、厄瓜多尔、玻利维亚和哥伦比亚等国，投资的贡献更为显著（一些年甚至超过 50%）。在巴西，消费显然是拉动增长的主要引擎。然而，在一些国家，投资贡献率出现下降，这是与经济周期发展相适应的。

关键问题在于内需的良好表现是否具有可持续性。此外，也需要考虑内需是否能够弥补外需下降带来的影响。首先，正如前文中所分析的，尽管外部环境对拉美不利的一面在增加，但还远未达到危急的地步。随着全球经济的减速，拉美经济预计会出现放缓，但不会陷入衰退或崩溃。

虽然许多拉美国家仍具有进一步采取刺激政策、应对临时性外部冲击的财政和货币空间，但前文描述的减速场景具有持续性。对需求的刺激将不会十分有效。因为在经历了高速增长时期之后，大部分国家的生产缺口已经缩小。目前，大部分国家的经济增长接近潜在增长水平，虽然各国情况并不一致。例如，智利、哥伦比亚和秘鲁是从略高的增长率向潜在增长水平接近，而墨西哥则是从更低的增长率向这一水平接近。乌拉圭和巴拿马也是从上向下靠近，但与潜在水平之间的缺口仍相对较大。另外，阿根廷、巴西和委内瑞拉也出现了较大幅度的经济减速，从而使增长率回落到潜在水平以下。尽管全球需求疲软导致拉美经济减速，但在上述三个国家，结构因素造成的供给瓶颈加剧了经济增长的回落。

在基础场景不出现恶化的情况下，进一步采取拉动国内支出的财政或货币刺激政策会导致经济的内外失衡。对经历过高速增长周期后向潜在增长率靠拢的国家和面临着供给瓶颈的国家而言皆是如此。例如，进一步刺激支出会导致进口的增加，这在出口增长乏力的情况下会加剧经常项目的恶化。在国际资本市场融资环境不断收紧的情况下，经常项目赤字的扩大会造成问题，特别是对已经积累相当规模的贸易赤字的中美洲国家而言更是如此（见上一节）。然而，货币汇率方面近期出现的纠正性调整有助于改善经常项目状况，减少外部融资需求。

历史上，新兴市场内外部失衡的加剧往往成为经济危机的前奏。在美国进入加息周期，导致资本回流的情况下尤为如此。其中的一些失衡包括经常项目的深度恶化、国内信贷的加速扩张、金融资产的泡沫以及实际汇率的大幅升值。虽然上述状况尚未在拉美普遍出现，但仍需对一些苗头保持警惕。

例如，近 10 年中，信贷相对于经济规模的比例在许多拉美国家出现快速增加（见下节）。拉美另一个令人担忧的现象是贸易部门和非贸易部门间的不断失衡。这方面的反映是国内销售相对于工业生产的快速增长，从而导致进口增加。墨西哥也许是个例外。这一现象的形成部分是因为实际汇率的升值。这也是一些金融开放度较高的拉美国家贸易条件变化和资本流入所导致的。除了外部账户的脆弱性以外，在市场条件发生逆转的情况下，对经济体内的资源重新进行配置也并非易事。换言之，这也是前文分析的再初级化模式如影随形的另一方面的内容（见图1.6）。

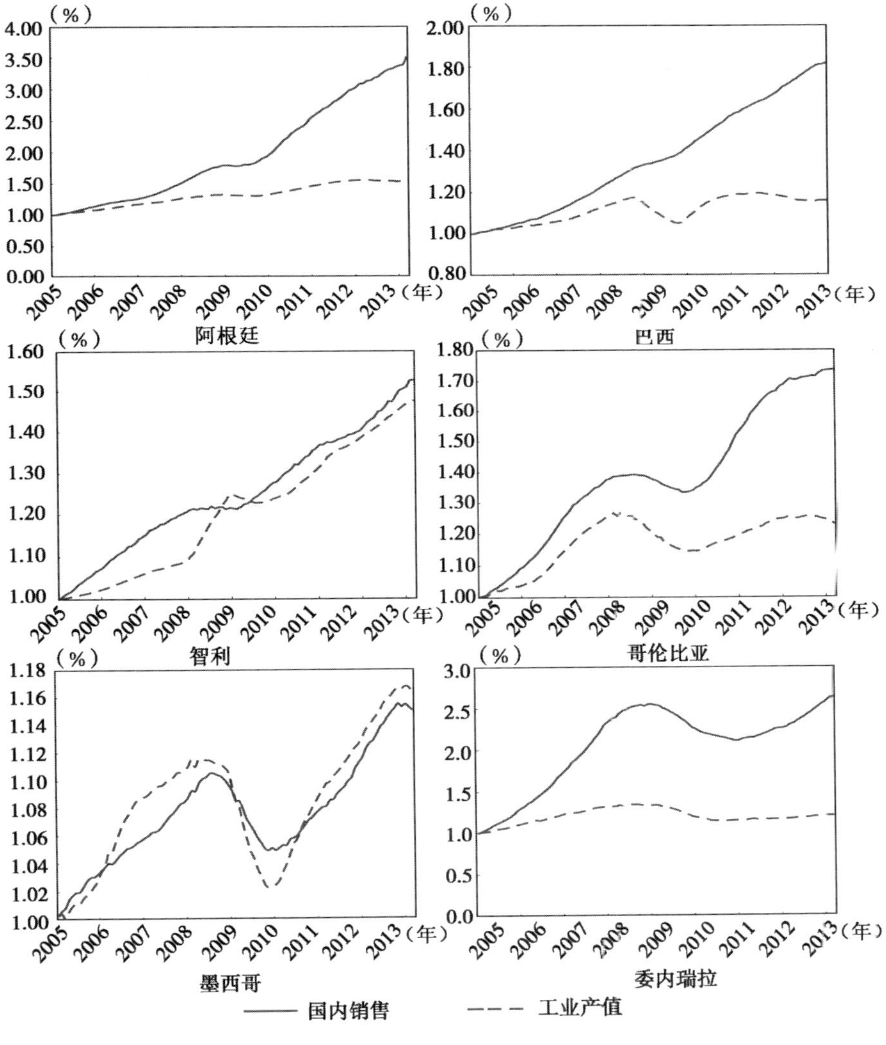

图1.6　拉美的工业生产和销售（国内销售与工业产值）

注：为12个月移动平均值，2005年值=100。

资料来源：根据Datastream编制。

统计链接：http：//dx. doi. org/10. 1787/888932906407.

为提升区内贸易，拉美国家需要减少贸易壁垒，改善基础设施和物流业薄弱的状况

在上述背景下，拉美国家需要提高生产率，推动多元化发展。拉美国家提升区内贸易空间较大，但需要克服贸易政策和基础设施与物流发展不足所带来的障碍（见第四章），这也能够推动拉美各国的经济转型。虽然区内贸易仍然规模有限，但有助于各国出口高附加值的最终消费品或地区价值链的中间产品。与此同时，在外需持续不振、许多地区小国内需有限的情况下，利用巴西和墨西哥等地区大国市场推动区内贸易，提升出口附加值和推动多元化应该成为一项重要战略。这就要求各国加大对基础设施的投资，通过行政和监管改革降低物流成本，加强目前状态不佳的部门的竞争力。需要指出的是，近年来，许多拉美国家与美国、欧盟和亚洲国家签订了双边自由贸易协定。许多此类协定不允许加入来自地区其他国家的附加值，从而加大通过向这些国家出口融入全球价值链的难度。因此，需要通过加强本地区的贸易联系，将本地产品纳入全球产业链。

全球资本市场变化对拉美金融体系的影响

美国的货币政策走向及其对全球流动性的影响带来更大的不确定性，大部分拉美国家经济增长也出现减速。在此背景下，需要对拉美金融体系应对不利环境的稳健程度加以研究。特别是在许多拉美国家进行了显著的信贷扩张的情况下，需要分析当发生金融冲击或经济超预期减速时，各国是否会面临金融中断的问题。

近年来，新兴经济体的信贷增长已经成为宏观经济政策的关注对象。信贷繁荣，即信贷相对于长期水平的过度扩张，加大宏观经济的波动和脆弱性，并与通胀和金融不稳定周期相互关联（Mendoza y Terrones, 2008）。信贷过度扩张与金融混乱期之间的关联已得到论述，拉美国家许多经济体近期也出现私人部门信贷增长的现象，从而导致该地区对上述现象研究的兴起。[7]上述趋势引起各国经济主管部门的更大关注。

本节将从四个主要方面对信贷环境进行分析。第一，将对引发信贷扩张的内外部主要因素加以分析；第二，根据现有数据对信贷扩张开展种类和国别分析；第三，阐述界定和衡量信贷繁荣的方法；第四，对拉美防止或减缓信贷繁荣冲击的宏观审慎政策工具加以分析，并介绍一些成功经验。

国际环境：拉美金融体系不确定性的来源

近期国际流动性的增加来自 OECD 成员国基础货币的扩张

国际流动性水平在很大程度上由世界金融中心的信贷环境所决定，能够部分解释一些拉美国家信贷增长的原因。国际流动性的“官方”组成部分包括各国央行的储备和授信额度，私人组成部分则来自银行和金融机构间的跨境交易。随着扩张性货币政策的操作空间越来越小（利率已处于历史低水平），当前流动性增加的主要原因是 OECD 部分成员经济体基础货币的扩张。因此，需要指出的是，美联储计划降低资产负债表的扩张速度，很可能自 2014 年中开始不再购买资产，但就退出流动性和压缩资产负债表而言，仍为时尚早。过去的经验表明，从短期看，流动性冲击在替代投资信贷和推动经济增长方面能够起到积极作用，但也会因为过度杠杆化和引发部分资产市场的泡沫而危害到长期的金融稳定（BIS，2012）。

周期性头寸的差别及其带来的利差会刺激资本流入更具活力、回报率更高的新兴经济体，如拉美。与以往相比，2012 ~ 2013 年，拉美国家的货币政策保持稳定，利率水平相对较低。[8] 例如，在采取明确通胀目标的拉美国家中，除巴西以外，所有国家央行在 2013 年全年均保持了利率水平的稳定，未进行调整，以此应对全球经济可能对本国的产生影响。在巴西，由于通胀水平持续超出管理目标，自 2013 年 4 月起，巴西央行开始对 SELIC 利率进行调整，从 7. 25% 上调至目前的 8. 25% 。

OECD 成员经济体宽松的货币政策加上拉美相对较高的利率水平，导致到 2013 年第一季度为止资本显著流入拉美地区。由于发达国家货币刺激措施的逐步退出、新兴经济体的减速以及发达经济体增长前景的改善，上述趋势可能发生逆转。近期的资本退出成为资本流可能发生转向的例证。这一趋势在美联储 6 月中旬宣布逐步退出资产购买的量化宽松计划 QE3 之后出现加速。因此，2013 年 1 月的市场预测显示，2013 年新兴市场资本净流入将增加 5%，拉美的资本净流入将增加 6%。然而 2013 年 6 月的预测则将上述两个数字分别调降至 2% 和 5%（IIF, 2013a y 2013b）。

约 47% 的信贷繁荣与资本过度流入有关

直到 2013 年第一季度为止，OECD 发达成员国货币扩张政策对拉美带来的主要风险还主要集中在资本显著流入可能产生的后果上，特别包括本币的强劲升值、一些经济活动参与者的过度杠杆化以及一些金融或实物资产可能产生的泡沫。资本流入一般会带来银行业负债的增加。在新兴经济体，约 47% 的信贷繁荣与资本过度流入有关，远高于与生产率提升或金融业监管改善有关的信贷繁荣（Mendoza y Terrones, 2012）。拉美近年来取得的金融稳定和良好表现可能会受到以下三种渠道的影响：第一，在存在货币错配的国家，利率波动可能导致金融中断的发生；第二，由于一些拉美国家存在加速杠杆化的情况，即使消费、房地产和企业信贷水平远低于其他地区，拉美仍存在过度杠杆化的风险；第三，如同一些国家不动产业（如哥伦比亚、墨西哥和乌拉圭）出现的情况所显示出的，汇率升值会导致非贸易资产价格的显著上升。上述价格上升在多大程度上符合地区的基本价格水平尚不明确（Hansen y Sulla, 2013）。

拉美信贷的放缓

拉美信贷与 GDP 的比例近年来不断增加，但国别差异较大。例如，巴西、哥伦比亚、哥斯达黎加、洪都拉斯和巴拉圭等国私人部门信贷增长超过 GDP 的 10%，而阿根廷、玻利维亚、多米尼加、萨尔瓦多、巴拿马和乌拉圭等国信贷比例出现下降。关于信贷扩张在多大程度上是金融深化的结果，抑或是杠杆率扩大所导致的，仍存在争论。一些国家信贷规模在分析期内出现的快速增长或收缩是拉美自 20 世纪 90 年代中期至 2000 年左右屡次严重金融危机带来的后果。例如，1998 ~ 1999 年的银行业危机导致私人部门国内信贷与 GDP 的比例从 1998 年的 35.2% 下降至 2000 年的 20.9%。尽管拉美很快走出危机，但信贷规模直至 2007 年才恢复到危机前的水平。因此，很难区分哪些是造成信贷恢复的因素、哪些又是导致新的信贷扩张的因素。此外，尽管拉美私人部门信贷近期出现了高速增长，但与 OECD 成员国的水平相比仍然较低（见图 1.7）。

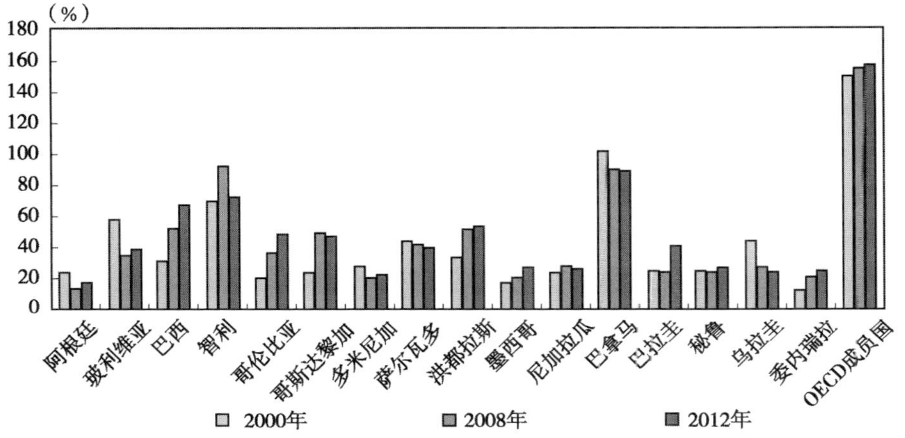

图 1.7　私人部门信贷变化（占 GDP 比重）

注：哥斯达黎加数据为 2000 年、2008 年和 2011 年。

资料来源：各国央行、世界银行世界发展指数。

统计链接：http：//dx. doi. org/10. 1787/888932906426.

无论如何，一些拉美国家的贷款—存款比率显示出杠杆化不断加剧的趋势。各国根据现有信贷数据计算的杠杆率水平各不相同。例如，阿根廷、巴西、墨西哥、乌拉圭和委内瑞拉等国的贷款—存款比率相对较低（60% ~70%），但在不断增加；智利、哥伦比亚和哥斯达黎加等国的杠杆率水平更高（接近 150%），但呈现下降趋势（见图 1.8）。厄瓜多尔、洪都拉斯、巴拿马、秘鲁和多米尼加处于中间水平，接近其他地区的平均值。上述差异也显示出各国银行业风险厌恶程度的不同，并不能断定杠杆率高的国家一定就出现信贷繁荣。

拉美各国的杠杆化程度不同，金融杠杆工具的构成也不相同。一般而言，信贷增长的主力是抵押贷款和消费贷款。2002 ~2012 年，一些国家抵押贷款占全部信贷的比例出现显著上升，如巴西（近 11%）、智利（22%）和秘鲁（12%）等国。哥伦比亚、墨西哥和秘鲁等国的消费贷款也出现加大增长，但商业贷款出现下降。虽然拉美的杠杆率水平与其他地区相比仍然较低，但一些国家的情况表明，信贷水平近期加速增长的原因超出经济周期和基本面能够解释的范畴。近期的相关研究也证实拉美国家在这方面存在的差异性（Hansen y Sulla，2013）。

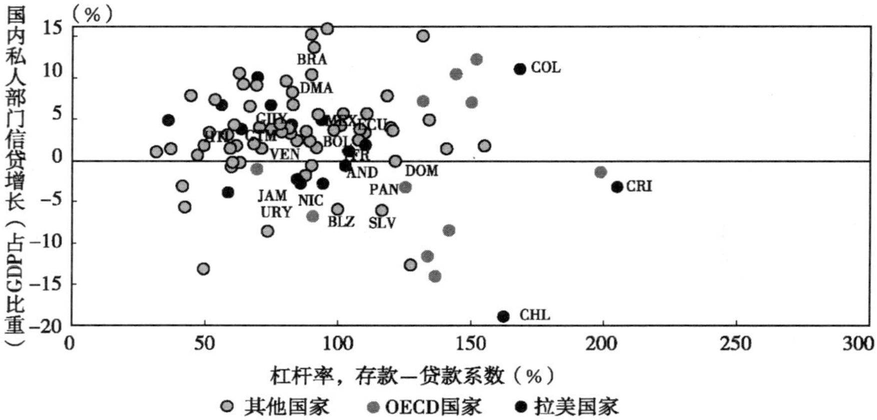

图例：ARG，阿根廷；BLZ，伯利兹；BOL，玻利维亚；BRA，巴西；CHL，智利；COL，哥伦比亚；CRI，哥斯达黎加；DMA，多米尼克；DOM，多米尼加；ECU，厄瓜多尔；GTM，危地马拉；HND，洪都拉斯；HTI，海地；JAM，牙买加；MEX，墨西哥；NIC，尼加拉瓜；PAN，巴拿马；PER，秘鲁；PRY，巴拉圭；SLV，萨尔瓦多；URY，乌拉圭；VEN，委内瑞拉。

图 1.8　国内私人部门信贷增长及存—贷款系数变化（2008～2011 年）

资料来源：世界银行金融发展与结构数据库（2013 年 6 月数据）、世界发展指数。

统计链接：http：//dx. doi. org/10. 1787/888932906445.

2012 年拉美地区企业债发行增长超过 24%

除了银行渠道以外，拉美信贷扩张还通过企业债以及其他金融工具市场得以实现。2011 年 12 月至 2012 年 12 月，拉美纳入国际债务计算的企业债（非金融类）发债水平增加 24% 以上。个别国家，如墨西哥的企业债国际发债金额在 2011～2012 年的增长率接近 34%。与此同时，企业国内发债水平近年来也出现显著上升。2011～2012 年，哥伦比亚、墨西哥和秘鲁等国国内流通的非金融类企业债金额分别增长 7%、12% 和 42%（BIS，2013）。近年来，巴西、智利和玻利维亚发行债券的期限也出现显著延长。而墨西哥发行的债券 70% 期限在一年以内（Hansen y Sulla，2013）。

拉美抵押贷款占全部贷款规模的比重平均接近 16%

尽管一些拉美国家的信贷出现了增长，但当前的情形与历次信贷繁荣的情况有所不同。一方面，拉美信贷扩张的性质与以美国为主的 OECD 成员国不同。自 2000 年年初开始，美国的信贷扩张受到房地产行业的推动（以不动产为抵押品），进而导致实体经济的危机（Mendoza y Quadrini，2009；Kiyotaki y Moore，1998）。而拉美信贷扩张的动力仍然来自企业和消费者。即使在极端的情况下，金融危机中杠杆效应的蔓延也与发达国家的情形不同。美国、西班牙和爱尔兰等国抵押贷款占总贷款的比重在 30% ~40%，而拉美国家平均仅为 16%。这显示出，尽管目前拉美国家的信贷水平高于长期历史水平，但程度远不及 OECD 国家。另一方面，虽然受到 2008 年国际金融危机影响、私人部门信贷增长迅速，拉美到期债务情况相对较为稳定，但各国情况并不一致，具体取决于各自的金融体系和经济周期特点。实际上，在上一个 10 年之初，拉美国家的到期债务率高于 OECD 国家，但由于一些发达国家银行资产质量的不断恶化（如美国、西班牙和爱尔兰等），以及到期债务与经济周期之间的密切联系，这一趋势在上一个 10 年末得以扭转。需要指出的是，到期债务水平是衡量金融体系健康程度的有用指标，但由于属于滞后指标，无法对金融体系的发展进行预测。总而言之，拉美金融体系相对于全部债务的资本充足率和准备金率水平较高，状况良好。

拉美的信贷繁荣

与之前的几十年相比，拉美在信贷管理方面已经取得重要的进步。国有和私人银行的管理指标均出现显著改善。对信贷繁荣加以界定需要找出推动繁荣产生的宏观经济条件。信贷繁荣一般伴随着经济扩张周期而产生，与房地产业和金融资产价格上升、实际汇率升值和外部赤字不断扩大相伴而行（Mendoza y Terrones，2008，2012）。一般也与银行和大公司的资产负债表状况的恶化相互关联（Elekdag y Wu，2011）。对一些新兴经济体而言，信贷繁荣能够在短期发挥积极作用，但会对金融部门的长期稳定产生影响（Mogliani，2008）。

对信贷繁荣加以界定有助于适时制定预防性机制。常用的一些指标包括“门槛”指标，即当私人部门信贷超出长期趋势水平达到一定值时，便可以界定信贷繁荣的出现。[9]然而，这些指标不足以对短期过度信贷的情况进行监测（见专栏 1.2）。对于乌拉圭（2002 年）或墨西哥（1994 年）而言，信贷繁荣在实际发生了若干年后才被得以确认（见图1.9）。在另一些银行业危机的典型案例中，如20世纪80年代初的智利和20世纪90年代末的哥伦比亚，信贷扩张并未达到门槛水平。结合门槛指标使用多变量模型对信贷渠道引发的失衡进行预测的精确程度更高，也为地区国家所普遍采纳（Hansen y Sulla，2013）。这样，随着有关指标更加精确、包括的短期信息更加准确，后文将分析的一些国家采取的宏观审慎政策就更加有效。

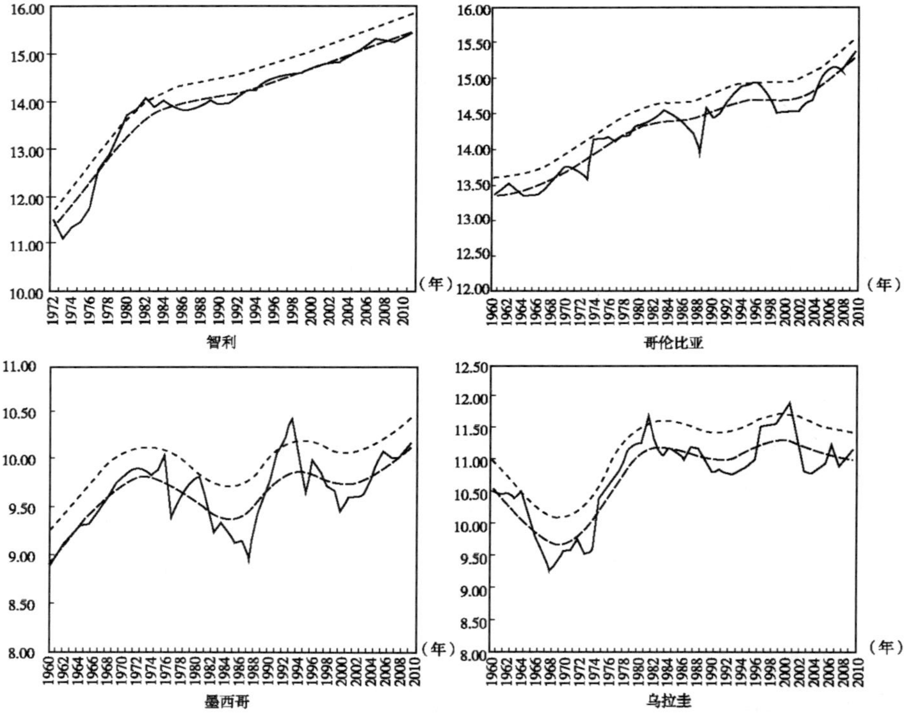

注：数据为对数。当私人部门信贷超出长期趋势水平达到一定门槛值时，便可以界定信贷繁荣的出现。通常使用的门槛值为周期标准差的1.75倍。

——人均信贷　　— — —长期趋势　　------门槛

图1.9　部分拉美国家的信贷繁荣（私人部门信贷）

资料来源：FMI（2013）《世界经济展望：希望、现实和风险》《经济金融研究》（4月），以及各国央行数据。

统计链接：http：//dx. doi. org/10. 1787/888932906464.

专栏 1.2　对信贷繁荣的预测：事后指标与实时指标

无论对新兴经济体还是发达国家而言，信贷繁荣的出现一般与各种类型的金融危机联系在一起：银行业危机、汇率危机或是收支账户危机。因此，需要制定理想的指标，对信贷繁荣进行及时界定和后续跟踪。然而，有关指标的制定与测算是一项具有难度的任务。一般而言，有关文献中使用两种对信贷繁荣进行测算的方法。一种是单一变量法，即观察一个信贷指标随时间波动的情况。另一种方法是多变量法，即研究信贷与其他指标（如存款）之间的长期关系。

在对信贷繁荣进行研究的文献所使用的单一变量法中，“门槛法”可能是最常用的一种方法。首先，这种方法通过 H-P 滤波对目标变量的周期趋势进行分离确定。然后，再建立一个基于实际信贷波动及其趋势差变动（例如标准差）的门槛指标。上述差值对于研究期间的敏感度会导致根据样本确定的信贷繁荣产生差异。有关学者使用该方法对 1960 ~ 2006 年的私人部门人均实际信贷水平进行了分析。但在引入 2008 年危机之后几年的数据后，分析结果发生了显著变化（Mendoza y Terrones, 2008 y 2012）。对界定信贷繁荣的各类方法进行更广泛的比较有助于显示有关结果的敏感程度（见表 1.2）。有关界定研究部分取决于滤波器中所使用的参数。对于巴西（1988 年、1989 年）或阿根廷（1982 年）而言，不同的模型界定了不同的信贷繁荣场景。

使用上述指标的主要困难在于指标无法实时捕捉非线性的情况，而只能在信贷水平持续超出趋势后才能加以发现。为解决这一不足，一些学者在对一组拉美国家的研究中采取了引入 Kalman 滤波器的门槛法（Avendaño, Daude y Orozco, 2013）。Kalman 滤波器的优点在于采用递归算法，可以对系列信贷历史数据赋予不同的权重。这样，近期数据在对趋势进行预测的过程中便能够获得更大的重要性，滤波器的作用便更加强大。然而，门槛值仍然对级数（信贷）及其趋势差具有敏感性，建议通过多变量法加以补充分析。

表1.2 不同方法界定的拉美信贷繁荣场景（1970～2013年）

	信贷繁荣的最大值（Mendoza y Terrones，2008）	信贷繁荣的最大值（Mendoza y Terrones，2012）	信贷繁荣场景（Gourinchas，2001）	信贷繁荣的最大值（OECD）
阿根廷	1982	—	1979～1982，1992～1995	1989
巴西	—	1989	1986～1986，1988～1990，1993～1994	1989
智利	1981	1980	1975～1984	1980，1982
哥伦比亚	1997	1998	1993～1995	1998
哥斯达黎加	1979	1979	1971～1972，1992～1994	1978～1980
厄瓜多尔	—	1997	1977～1985，1993～1995	1997
墨西哥	1994	1994	1988～1994	1993～1994
秘鲁	1981	1987	1981～1985，1990～1994	—
乌拉圭	—	2002	1980～1982	1982，2002
委内瑞拉	报告发布时出现信贷繁荣	2007	1975～1978	2007

资料来源：根据 Avendaño et al.（2013），使用 FMI（2012）《世界经济展望》，FMI，Washington，DC. 和各国央行数据编制。

分析信贷繁荣的研究越来越多地采用多变量的方法，因为其有助于确定信贷水平与其他因素之间的关系。一项最近的研究显示，贷款与存款之间关系的巨大偏差可能意味着信贷部门的脆弱性（Hansen y Sulla，2013）。结果显示，在一些拉美国家，信贷水平（通过占GDP的比重衡量）及其长期趋势之间的差距近来在不断拉大。对信贷繁荣与宏观经济因素之间的传导渠道的分析发现，流动性冲击在短期可能起到积极效果，但会影响金融体系的长期稳定（Mogliani，2008）。此外，针对拉美房地产信贷的一项研究并未发现显著非线性偏差，但证明这一行业的信贷在一些国家出现了增长（Cubbedu，Tovar y Tsounta，2012）。除非这一趋势不断持续，否则并不能界定房地产信贷繁荣的出现。

虽然各类研究对信贷繁荣进行了分析，但由于所使用的各类指标、模型和参数的高度敏感性，关于什么是界定信贷繁荣的最佳方法尚不存在共识。需要进一步对能够实时界定信贷繁荣现象的方法加以发展，以防止其可能对实体经济产生的影响。

宏观审慎监管措施：成就与挑战

拉美正在加速实施宏观审慎措施，但相比其他地区仍显不足

在曾经经历过与信贷有关的金融不稳定时期之后，拉美国家的宏观审慎监管措施旨在预防和减轻信贷繁荣可能造成的后果。OECD 国家的信贷周期长，而拉美的信贷扩张周期短。安第斯国家信贷繁荣的平均持续时间为 10.1 个季度，而其他拉美国家为 7.7 个季度（Galindo, Rojas-Suarez y del Valle, 2013）。拉美国家采取的一揽子宏观审慎措施试图通过不同工具的运用，降低各国的脆弱性。这些工具包括逆周期的资本缓冲机制、动态拨备和对流动性及法定准备金的要求等。正如对上述措施执行情况的评估结果所显示的（见图 1.10），地区各国在宏观审慎监管政策的执行方面存在较大差异。由于这一政策的引进时间不长，对其中长期效果的研究尚未开展。

银行逆周期缓冲器的设计能够在一定程度上为防止可能发生的信贷繁荣带来的后果提供保护。经验表明，缓冲器的有效性取决于是否能够及时启动，以及能够根据经济周期进行扩大或收缩的调整（Borio et al. 2010）。另外，缓冲器需要具备适当的规模以吸收冲击，且不对金融体系产生过度压力。在理想的状态中，缓冲器的运行应类似自动稳定器，根据货币和金融当局执行的系统性规则运作。然而，在经济处于增长期时，杠杆率一般也会放大，逆周期缓冲器未必足以遏制信贷扩张。缓冲器在危机时的表现甚至有可能是顺周期性的，其过度发挥作用会影响信贷的软着陆。

OECD 国家的金融机构在 2008 年危机期间过度承担风险的表现说明，仅有微观审慎措施不足以保证金融体系的稳定，需要通过旨在降低系统性风险的宏观审慎政策加以补充。一般而言，发展中国家实施的宏观审慎措施的数量比发达国家更多，拉美也并非例外。然而，在新兴经济体中，拉美相对较为落后。需要指出的是，自危机爆发以来，拉美国家加速实施宏观审慎政策，并采用不同的政策组合。公共政策的制定者不得不在高流动性和波动剧烈的环境中制定实施上述政策，需要综合考虑其对实体经济带来的积极作用（降低系统性风险）和消极影响（降低信贷激励）。

监管当局可以使用一系列与信贷、流动性和资本金有关的宏观审慎政

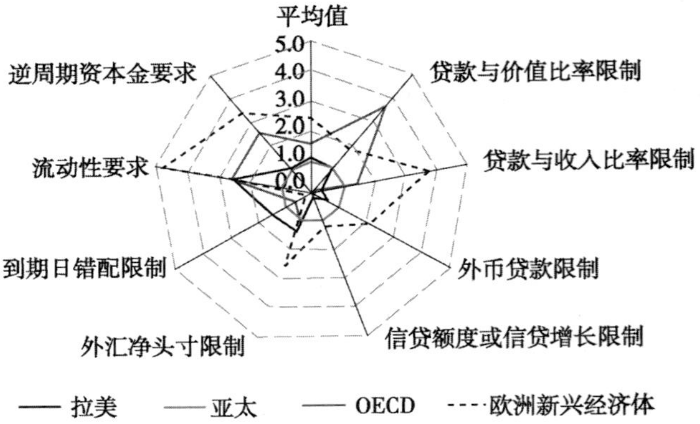

图 1.10　各地区宏观审慎政策的使用强度

注：数值范围从 0 ~ 6，6 代表有关措施使用的最大强度，0 则表示没有使用该措施。按地区的简单平均值计算。

拉美国家包括阿根廷、巴西、智利、哥伦比亚、墨西哥、秘鲁和乌拉圭。

亚太国家包括中国、印度、印尼、马来西亚、菲律宾、新加坡和泰国。

OECD 国家包括澳大利亚、奥地利、比利时、加拿大、捷克、芬兰、法国、德国、匈牙利、爱尔兰、意大利、日本、韩国、荷兰、新西兰、挪威、波兰、葡萄牙、斯洛伐克、西班牙、瑞典、瑞士、土耳其、英国和美国。

欧洲新兴经济体包括俄罗斯、塞尔维亚、罗马尼亚和克罗地亚。

资料来源：根据 FMI 数据编制。

统计链接：http：//dx. doi. org/10. 1787/888932906483.

策（Lim et al.，2011）。与信贷有关的宏观审慎政策包括设定贷款与价值比率（LTV）最高限额、家庭偿债额与收入最大比、外币贷款限额，以及信贷额度和信贷增长限制等。这方面的例子有厄瓜多尔于 2011 年开始实行贷款与价值比率最高限额，以限制信贷的过度扩张。但总体而言，拉美地区在上述领域仍落后于一些亚洲国家。

与流动性有关的政策措施包括限制金融机构外汇净头寸、到期日错配和流动性管理等。哥伦比亚于 2009 年通过设立“流动性风险管理体系”（SARL）引入流动性管理措施，目的在于对流动性风险进行衡量和管理，保障银行融资，使其拥有足以应对任何短期冲击的流动性。与其他地区相比，拉美在这方面的政策工具使用良好。

第三类宏观审慎政策措施则与资本金有关。此类政策措施包括动态拨备、动态资本金储备以及对利润分配的限制等。例如，2011 年，秘鲁实行所谓的动态资本金储备政策，即“根据经济周期调整的实际资本要求”政策。根据这一政策，金融机构在法定最低额以外还要增加额外资本金储备，以应对经济减速可能带来的贷款资产损失。巴西和墨西哥等国也采取了相似的政策。与其他地区相比，拉美在此类宏观审慎措施方面的差距较大。

拉美各国银行业均实施资本拨备制度，但各国的具体模式不同。大多数国家实施贷款拨备、紧急信贷拨备和动态拨备措施（Galindo y Rojas-Suarez, 2011）。然而，地区并不存在统一的资本金要求。阿根廷、智利和墨西哥要求针对贷款规模实施固定拨备，其他国家则结合一般性拨备和逆周期拨备。在动态拨备方面，一些国家采取根据每家银行个人贷款额增长进行计算的做法（如哥伦比亚），另一些国家则采用统一的管理规则（如秘鲁）。

总之，目前还没有适当的信贷指标可供使用，这加大了有关监管机制设计和制定的难度。拉美地区许多国家仍面临的任务是采取有效指标，对信贷水平和强度进行监控。虽然大多数国家公共部门的收支状况可以公开获得，但通常作为信贷主体的私人部门的贷款水平却处于不透明和滞后的状态。

需要采用实时指标预防和降低信贷繁荣带来的影响

当前，建立实时指标体系、对信贷发展进行监控已经成为拉美地区日益迫切的需求。虽然私人银行向各国央行和监管机构提供的指标质量已经获得改善，但并非所有国家都制定了衡量信贷实际水平及其构成的系统性指标。2008 年金融危机爆发后，许多 OECD 国家无法提供关于中小企业的信贷数据，这一经历也使得各国央行之后将上述数据纳入常用指标。信贷繁荣实时指标的有效性在很大程度上取决于是否能够获得上述数据。此外，信贷指标应该在信贷扩张期和收缩期同样有效。针对后信贷繁荣时期，目前的指标并不能区分新的贷款操作和既有贷款的再融资。因此，这些指标有可能发生偏差，掩盖信贷的增长。

虽然有关迹象并非明确无疑，但并不能排除一些拉美国家已经出现信贷繁荣的风险。虽然拉美信贷繁荣的机制与 OECD 国家不同，各国仍需要继续加强研究和监控，并采取相应的预防机制。由于目前的指标大多属于事后指标，需要编制实时指标，以预防和降低对信贷繁荣现象可能引发的后果。这些指标也能够强化某些宏观审慎措施的执行，从而对信贷周期产生重要影响。[10]

财政政策空间

本节将对一些财政总量指标的演变进行分析，以更好地理解各国当前的财政空间情况。保持一定的财政空间有助于各国在外需进一步恶化的情况下进行财政扩张，或是为中长期投资提供融资，以提高经济体的生产率和竞争力，推动结构调整，提升潜在增长率水平。

本节的内容安排如下。首先，将对主要财政总量指标的近期变动趋势加以分析；其次，对地区各国的财政空间规模和变化进行研究，重点关注财政收支平衡和债务水平；再次，由于获得融资对于必要时临时扩大支出和保障流动性均具有重要意义，将对与之有关的一些方面展开分析；最后，将对拉美国家在当前宏观经济形势下的一些财政政策选项进行分析。

财政总量指标的近期变化：复杂的情景

中美洲和加勒比国家保持高债务水平，2008～2012 年，债务水平分别增加了相当于 GDP 的近 6 个和超过 8 个百分点

2012 年，拉美地区许多国家的财政总量指标总体有所恶化。这主要是经济增速下降、原材料价格上涨放缓以及一些国家公共支出增长超过收入增加所导致的结果。2003～2008 年，拉美国家中央政府债务总额占 GDP 的比重平均下降 29 个百分点（从占 GDP 61% 降至 32%）。各国出现如此显著下降的原因并不相同。经济强劲增长、原材料价格上涨和税收管理改善是一般性因素。一些国家对支出的审慎管理，即保证支出增长低于征税增长和潜在 GDP 增长水平，以及另一些国家的实际负利率水平也是重要因素（FMI，2013）。然而，从 2009 年开始，拉美国家总债务占 GDP 的比重一直保持在相对稳定的水平上。这部分是由于 2009 年税收减少、为应对危机实施逆周期财政支出扩张所导致的，也是2011～2012年财政支出扩张远超长期经济增长率和征税量的结果（见图1.11）。需要强调指出的是，南美国家和墨西哥仍保持了较低的债务水平（2012年为29.1%），且债务水平在2008～2012年仍出现持续下降。这与中美洲和加勒比国家的情况完全不同。在同一时期，中美洲和加勒比国家的债务水平分别上升了相当于GDP的近6%和8%以上。其中，中美洲和多米尼加的债务占GDP的比重在2012年为34.2%，而加勒比国家则是它们的2倍多（占GDP的76.9%）。

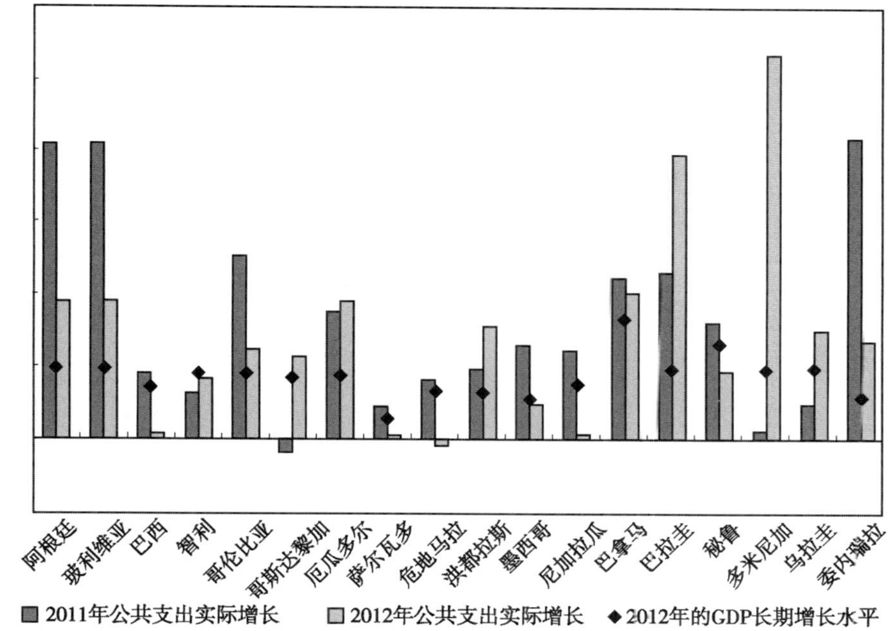

图1.11　拉美公共支出实际增长和长期GDP增长水平

注：公共支出指中央政府经各国消费者价格指数调整后的支出。长期GDP增长率的测算使用了WEO（2013年4月）2013～2018年的预测数据，通过对实际GDP序列的H-P滤波器计算获得。

资料来源：根据CEPAL（CEPALSTAT）和FMI（2013）：《世界经济展望：希望、现实和风险》《经济金融研究》编制。

统计链接：http：//dx.doi.org/10.1787/888932906502.

各国的公共支出演变情况也各不相同。2011～2012年，一些国家的支出增长与长期经济增长保持一致或略低于后者（如尼加拉瓜、萨尔瓦多、危地马拉和洪都拉斯等中美洲国家）。而厄瓜多尔、巴拉圭和多米尼加等国的支出具有更显著的扩张性。也许除巴拉圭外，2011～2012 年，其他两国的 GDP 增速略高于潜在增长水平。而一些支出增长十分缓慢的中美洲国家则从较低的水平向潜在增长水平靠拢。上述差异化的表现部分与各国的财政收支平衡状况以及通过国际资本市场融资的能力不同有关。总之，上述迹象表明，在多数国家，在 2009 年国际金融危机引发的衰退阶段，财政支出相比之后的经济扩张阶段，更容易发挥逆周期性。

在财政收入方面，最近几个季度以来，由于内需特别是消费需求的放缓，以及对一些国家税收发挥巨大作用的原材料价格滞涨，财政收入增幅放缓，甚至略有下降。然而，各国表现差异较大。一方面，玻利维亚、哥伦比亚、哥斯达黎加、多米尼加和特多等国的财政收入在 2013 年第一季度出现显著增加。玻利维亚、哥伦比亚和特多的增长主要来自油气部门的非税收收入。而哥斯达黎加和多米尼加的收入增加主要是 2012 年批准通过的增加税收以减少财政赤字的财政调整措施的结果。另一方面，在包括智利和秘鲁在内的矿产品出口国，收入的减少主要是由于矿产品国际价格的下跌（CEPAL，2013）。

结合支出和收入两方面的变动情况，可以发现大部分拉美国家的财政余额出现下降。例如，在南美国家和墨西哥中，仅哥伦比亚在 2007～2012 年的财政收支状况略有改善。其他国家目前的收支状况较前恶化。尽管恶化程度一般不大（2012 年占 GDP 的 -1.6%），但相比 2007 年水平达到相对于 GDP 的 2.3%。加勒比国家的财政状况则愈加脆弱，除高债务水平以外，当前的财政收支状况平均为 GDP 的 -3.5%，而 2007 年的水平则是 -2.0%。中美洲国家则处于中间状态，财政赤字 2012 年为 GDP 的 -2.4%，2007 年则为 -0.5%。

实施逆周期政策的财政空间水平的差异

财政收支良好、债务水平低的国家具备实施逆周期政策的财政空间

一般而言，当前拉美各国的债务水平在前文描述的基本场景、甚至是

略有恶化的情况下，仍保持在可持续的水平上。但一些国家的脆弱性显著增加。因此，在面临总需求冲击、需要采取逆周期的财政政策，或是经济增速下降引发自动稳定器的情况下，各国的财政空间将呈现三种不同的状况。一方面，南美洲原材料出口国财政收支拥有盈余，且债务水平较低（如智利、秘鲁和玻利维亚）。这些国家甚至在原材料价格继续微幅下降的情况下，仍具备实施逆周期政策的充足财政空间，且无须为此影响财政清偿能力。另一方面，一些中美洲和加勒比国家情况更加复杂。这些国家财政赤字较大、债务负担占收入的比重较高（特别是多米尼加和哥斯达黎加）。为便于比较，以西班牙和葡萄牙为例。这两个国家 2012 年财政赤字分别为 GDP 的 10. 6% 和 6. 4% ，债务占财政收入的比重分别约为 194% 和 301% 。[11] 而一些拉美国家的债务水平与之相似，需要找到降低公共财政脆弱性的途径。其他一些拉美国家则处于中间状态（见图 1. 12）。

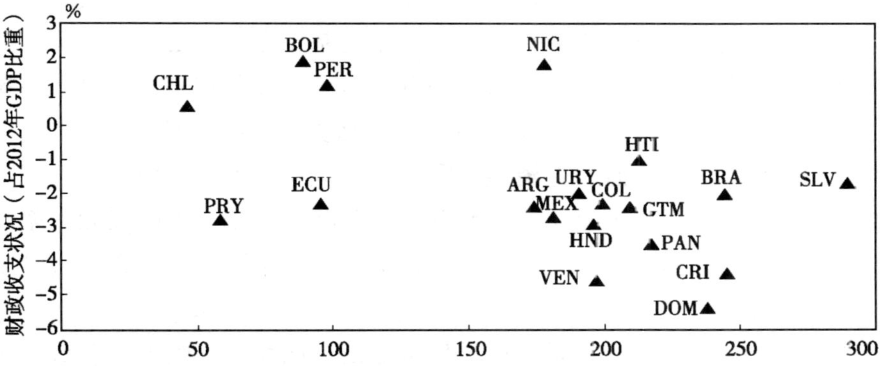

图例：ARG，阿根廷；BOL，玻利维亚；BRA，巴西；CHL，智利；COL，哥伦比亚；CRI，哥斯达黎加；多米尼加；ECU，厄瓜多尔；GTM，危地马拉；HND，洪都拉斯；MEX，墨西哥；NIC，尼加拉瓜；PAN，巴拿马；PER，秘鲁；PRY，巴拉圭；SLV，萨尔瓦多；URY，乌拉圭；VEN，委内瑞拉。

图 1. 12　2012 年部分拉美国家财政清偿指标

资料来源：根据 CEPAL（CEPALSTAT）编制。

统计链接：http：//dx. doi. org/10. 1787/888932906521.

虽然从一方面看，许多国家的财政收支状况恶化缩减了财政空间，但一些国家在 2007 ~2012 年也显著地降低了债务占 GDP 的比重，如阿根廷、玻利维亚、巴拿马、巴拉圭、秘鲁和乌拉圭（一些国家降低的力度甚至超过相对于 GDP 的 10 个百分点）。财政收支与债务水平表现之间的差异是由一系列因素造成的，包括本币升值，以及相对于 GDP 增长水平实际支付的利率水平较低等。因此，需要回答的问题是，这些带来良好债务状况的要素将长期存在，抑或是仅具有临时性。在这个意义上，美国利率水平常态化以及拉美地区增长放缓将有可能缩小债务利率与经济增长率之间的缺口，并导致本币贬值。这都会对公共财政造成负面影响，虽然大多数国家的当前公共债务构成有助于减缓这一影响。

紧急信贷额度和储备资产成为各国应对金融市场干涸期的重要工具

鉴于大多数拉美国家目前处于逆差状态，这些国家在财政方面的主要担忧在于经常账户发生“突然中断”（sudden stop）时能否获得融资。从短期看，各国需要考虑设立紧急信贷额度或将流动性资产作为储备资产，以度过金融市场的干涸期。需要说明的是，正是基于上述考虑，一些国家的净债务额显著低于总债务额。例如，巴西、玻利维亚、智利、秘鲁和乌拉圭等国拥有相当于 GDP 15% ~30% 的外汇流动资产。这些资产存量将有助于降低资本市场突变导致资金流逆转所带来的风险。但是，由于这些资产主要来自对外汇市场的冲销干预，而并非经常项目盈余，国际美元利率与国内本币利率之间的高利差导致在一些情况下，这种资产积累方式会带来较高的准财政成本。

对于原材料出口国特别是不可再生资源出口国而言，收入显著取决于出口产品的价格。因此，需要弄清当前出现的价格放缓的程度和持续性，并据此采取不同的财政政策加以应对。一方面，如果价格放缓只是暂时现象，便可以主要通过增加负债的方式平滑财政收入的波动；另一方面，如果是更具持续性的现象，则需要在中期通过财源多元化弥补原材料出口收入下降所带来的损失。

获得融资

2013 年拉美进入国际资本市场的条件仍十分有利，甚至对一些财政账户有问题的国家也是如此。例如，多米尼加于 2013 年 4 月以 5.86% 的收益率发行了 10 亿美元的 10 年期债券。[12] 而哥斯达黎加则分别以约 4.5% 和

5.75%的收益率发行了总额为5亿美元的12年和30年期债券。2013年年初，巴拉圭和洪都拉斯则首次进入国际私人资本市场进行融资，以有利的融资条件各发行了5亿美元的债券（收益率分别为4.625%和7.5%）。除了国内经济基本面好转之外，解释上述收益率水平的因素还包括OECD国家央行货币扩张导致的国际流动性仍然充足，以及国际投资者承担风险意愿的增加。正如本章之前所分析的，美国近期宣布的货币政策转向已经对拉美国家发行债券的收益率产生影响，自6月中旬起轻微地推高了收益率水平（见图1.13）。

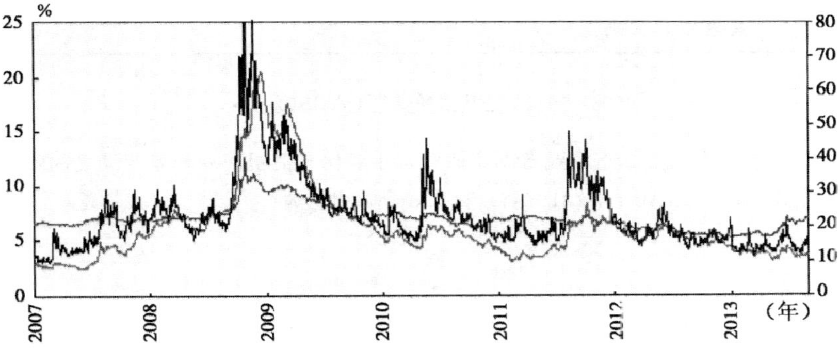

图1.13　拉美债券收益率以及全球风险厌恶指数变化

注：VIX指数指芝加哥期权交易所波动率指数；HY指数指美国非投资级公司债券相对于国债的风险溢价指数；Embi收益率指拉美国家发行的以美元计价的债券与美国国债之间的利差由摩根大通计算。

资料来源：根据Datastream数据编制。

统计链接：http：//dx.doi.org/10.1787/888932906540.

总之，对于市场进入条件而言，宏观经济政策十分重要。尽管全球因素在降低新兴市场债券收益率方面也发挥了重要作用，但在能够稳定进入国际资本市场融资的国家中（评级为投资级），有证据表明，投资者仍然会根据各国的财政清偿状况加以区分选择。因此，在这些国家，债务占GDP比重的变化与通过利差近似代表的主权风险变化之间存在着十分密切的关联（见图1.14）。[13]这一事实十分重要。它显示出，保持审慎的宏观经济政策能够在有利的融资条件上得到回应。这与近期的发现相一致，即与

2003～2007 年或是危机时期相比，后危机时期因共同因素导致利差变动的情形出现了下降（见专栏 1.3）。

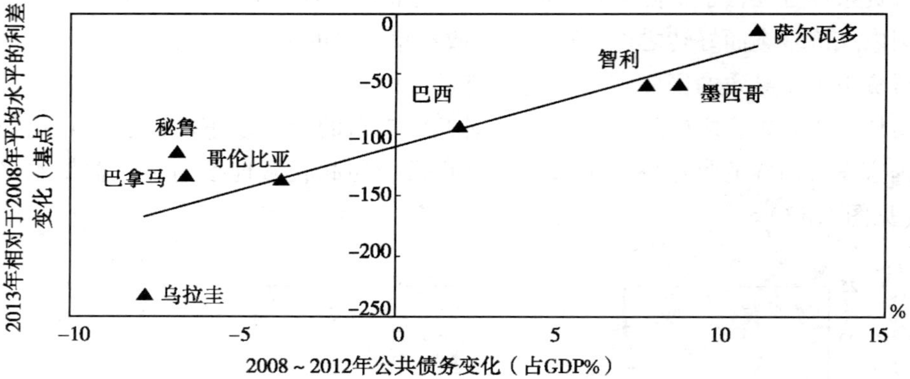

图 1.14　能够进入资本市场融资国家债务水平变化与危机前后利差变动之间的关系

资料来源：根据 CEPAL（CEPALSTAT）和 Datastream 数据编制。

统计链接：http：//dx. doi. org/10. 1787/888932906559.

专栏 1.3　国内经济基本面与全球因素在拉美主权债券利差中的相对重要性

为进一步理解国际利率未来正常化可能对拉美国家融资成本带来的影响，本专栏将对国内经济基本面和全球因素（如国际投资者风险偏好、国际流动性等）在近期拉美主权债券利差变化过程中的相对重要性加以分析。

分析这一问题的一种视角是考察各国利差变动的同向性。对主要因素的分析显示，2003～2007 年，拉美日利差总变化的 84% 以上仅有一个共同因素引起（第一要素）。然而自 2010 年至 2013 年 6 月，共同因素能够解释的变动占总变动的比重下降至 54%。[14] 这说明，虽然共同因素仍很重要，但在近一段时间的重要性出现了下降。

另一种分析问题的角度是对利差水平、经济基本面和国际因素之间的长期关系以及短期互动机制进行研究。正如 Gonzalez-Rozada y Levy Yeyati（2008）所建议的，可以采用误差校正面板数据模型对新兴经济体的利差变化进行研究。

利差波动可能也同时取决于包括国际投资者风险偏好和国际流动性状

况在内的外部因素。这些因素能够解释直至50%的长期利差变动和14%的短期变动。根据 Gonzalez-Rozada y Levy Yeyati（2008）提出的模型进行测算，数据更新至2013年第一季度，使用S&P评级（作为宏观经济基本面的代理变量）、高收益债券收益率和10年期国债收益率作为解释性变量。对这段时期的研究表明，利差变动的解释因素与2008年前相似。

第三种分析方法是通过面板数据回归模型将影响发展中国家利差的全球和本地因素区分开来（Csonto e Ivaschenko，2013）。上述学者发现，利差在短期取决于国内和国际因素，而在短期主要取决于全球因素。因此，宏观经济基本面更稳健的国家一般较不易受到外部变动的影响。所采用的模型仅能够解释2008年危机爆发前约一半左右的变动，而另一半变动则需结合20世纪90年代和2000年年初危机导致的失调加以解释。一般的结论是，在市场处于高度紧张的时期，全球因素往往在利差变动中发挥决定性的影响。

对于拉美而言，通过使用长期模型对利差变动进行分解研究，我们发现，2010年年初至2013年7月，拉美的利差水平仅仅下降了20个基点，而模型预测的下降达到近40个基点。在实际下降值中，近一半（49%）是因为债务评级的提升，而51%是全球因素作用的结果（55%是由于高收益率，而美国10年期国债利率的贡献率为－4%）。因此，基本面和全球因素均发挥了作用。

各国显然应该利用有利条件改善债务状况，降低期限、币种和利率风险。因此，显著较低的融资利率这一福音正在被一些国家的主权债务管理部门加以利用。甚至对于需要进行财政账户调整的国家来说，这也应该成为降低成本的最佳时刻。然而，需要指出的是，不少拉美国家的财政清偿能力并未得到保障。因此，这些国家不宜通过提高债务水平进行财政扩张，特别是在当前美国货币刺激政策退出引发的不确定性可能导致国际利率水平较突然上升的背景下尤为如此。如果情况恶化，拥有流动资产、低债务水平和良好市场信用的国家具备采取逆周期财政政策的条件。但对其他一些国家而言，这一空间十分有限。然而，一个有利于缓解上述困难的因素是一些拉美国家正与中国通过双边渠道不断获得融资。

拉美国家的财政征收水平上升至GDP的19.5%，而OECD国家的平均

水平超过 GDP 的 33%

除了重新组合财政空间的周期性需求之外，从中期来看，大多数拉美国家需要通过财政改革扩大这一空间。财政改革应逐步改善税收征缴水平，并推动建立保障将这些资金投入高回报项目的机构和制度。因此，一些拉美国家将投资从经济周期导致的公共支出放缓中剥离出来的尝试具有积极意义（CEPAL, 2013）。拉美国家的财政征收水平上升至 GDP 的 19.5%，而 OECD 国家的平均水平超过 GDP 的 33%。基础设施和物流方面存在的巨大不足对经济增长形成显著制约，需要通过公共部门的额外资金投入加以解决。因此，需要考虑通过制定有关财政规则，建立必要的财政空间，使这些投资能够在稳定的框架下进行。例如，秘鲁近期制定了一项财政规则，规定财政赤字和经常性支出增长的上限，从而使公共预算构成发生了有利于自 20 世纪 80 年代以来一直受到抑制的投资的转变（Carranza, Daude y Melguizo, 2013）。另一个有价值的例证来自哥伦比亚。该国将初级产品部门获得的部分贡献金用于改善未从繁荣中直接获益的部门和地区的竞争力（OECD, 2013d）。

总而言之，对于大多数拉美国家来说，此类改革应与提高税收征缴水平的改革配套进行，而税收征缴水平的提高可以来自征收效率的改善，也可以通过扩大税基或提高税率实现。此项任务十分复杂。因为鉴于拉美许多国家财政道德的低下，各国还需要提升服务质量，增加资金使用的透明度。因此，建立具有良好信用和透明度的机构将有助于增加财政政策的有效性。

结论和建议

简言之，由于外需疲软和原材料价格滞涨，拉美面临的国际环境将不如以往有利。美国货币政策正常化带来的国际资本市场波动也为拉美的外部融资环境带来了风险和不确定性。总体上看，拉美外部融资需求较为缓和，其资产和负债结构有助于降低收支账户问题所带来的风险。然而，一般情况并不能掩盖各国之间存在的差异。一些南美原材料出口国应对风险的基本面较稳健。而另一些国家，特别是加勒比国家面临着更多的制约条件。这与在总需求进一步恶化时采取逆周期政策的可用财政空间的情况相似。许多拉美国家的财政收支平衡出现恶化，而一些国家则利用有利的融资条件及其影响降低了债务水平。

近年来，拉美金融体系从国际高流动性水平中受益，许多国家信贷出现显著扩张。然而，美国货币政策的正常化、地区增速小幅下降、发达经济体增长前景好于预期等因素也为拉美国家带来了根据波动和不确定性的环境。这也给拉美各国的金融体系带来了较大的压力。历史经验表明，流动性冲击能够在短期刺激经济增长，但也会影响金融体系的长期稳定。因此需要及时监控，并采取适当措施加强各国金融体系的稳健性。为此，需要采用适当的系统风险评估指标和信贷监控体系，并采取宏观审慎措施，预防和降低信贷过度扩张可能对金融稳定造成的影响。一些拉美国家在这方面已经取得了进步，但相比其他地区仍有差距。

在不采取有助于推动长期增长的经济政策的情况下，上述基本场景将导致拉美地区的增长率水平相较上一个10年相对放缓。原材料出口国通过贸易条件的改善从中国的增长中受益。但由于中国经济超预期减速，这些国家也面临着新的风险。这主要是因为它们的出口产品大都集中销往中国市场，且出口部门出现了再初级化的现象。因此，这些国家需要推动产业多元化，提升附加值，缩小部门内和部门之间的生产率差距。本报告的第二章和第三章将就此提出一些建议。与此同时，近年来，内需已经成为拉动许多拉美国家增长的主要引擎。然而，拉动内需仍面临着一些制约因素，如就业市场、工资水平和信贷放缓以及经常项目的限制日益加大等。支撑增长的一些政策选项包括通过降低物流成本进一步推动地区一体化，提升国际竞争力。本报告的第四章将对此进行深度分析。

从社会发展的角度看，拉美经济增长放缓出现的时刻较为关键。在经过10年的经济增长之后，贫困率大幅下降，一些不平等指标得到显著改善。新兴“中等收入阶层”的兴起也对公共政策提出挑战。他们对公共服务提出了新要求。公共政策需要在推动增长的同时，不断促进收入分配的自主改善。换言之，经济结构应该能够为更广泛的社会群体创造更多的高生产率就业机会。

【注 释】

[1] 本章主要分析与来自中国的外需下降所带来的宏观经济风险。第二章将就对华贸易的其他方面对拉美经济分工模式和长期增长带来的影响展开分析。

[2] 这一预测十分接近 FMI（2013）对同一时期平均增速为 8.4% 的预测。

[3] 根据 IIF 数据，所谓“影子银行”的规模自 2009 年至今已扩大 5 倍，约达 1 万亿美元以上（占银行总存款的 8.4%）。相关操作规避了审慎监管或利率管制。

[4] QE3 计划通过购买以抵押担保为基础的公司债券推动基础货币扩张，以刺激经济。

[5] 根据 IIF 测算，2013 年流入新兴经济体的资金达 1.145 万亿美元，比 2012 年减少 400 亿美元。2014 年，预计将为 1.112 万亿美元。

[6] 巴西也许是一个例外。该国近期出现通胀抬头，货币贬值也可能对价格水平带来额外的压力。

[7] 与此同时，在东南亚等新兴经济体，信贷繁荣事件发生的频率在近 20 年中也显著增加（FMI, 2013）。

[8] 2007～2013 年，美联储资产规模从占 GDP 7% 增加至 20%，欧洲央行则从 13% 增加至 28%。

[9] Gourinchas Valdes y Landerretche（2001）采用了这一方法。通过 H-P 滤波器对趋势进行计算，并根据发生的概率确定门槛水平。Mendoza y Terrones（2008 y 2012）进一步改进了这一方法，针对每个国家专门设定了门槛值。通常采用的门槛水平为周期性要素标准差的 1.75 倍。

[10] 参见 Guarin et al.（2012）。

[11] 根据债务占 GDP 比重的传统指标，拉美国家的债务水平低于西班牙和葡萄牙。但是，历史经验表明，拉美国家显著提高征税水平在技术和政治上存在巨大难度。因此，各国政府并不愿意通过增加收入来支付负债，而往往倾向于对债务进行重组。因此，债务相对于税收水平的比率是量化显示各国财政清偿能力的更理想指标。

[12] 约相当于 2013 年预计赤字额的 1/3。

[13] 计算采用了 11 个能够提供这一时期数据国家的利差值（JPMorgan EMBI Global），包括阿根廷、巴西、智利、哥伦比亚、厄瓜多尔、萨尔瓦多、墨西哥、巴拿马、秘鲁、乌拉圭和委内瑞拉。

[14] 在拉美 8 个拥有投资级的国家中，这两个变量的简单相关系数为 0.87，对于普通置信水平而言，具有统计学显著性。

【参考文献】

[1] Ahuja, A. y M. Nabar (2012), "Investment-led growth in China: Global spillovers", IMF Working Papers, No. 12/267, Fondo Monetario Internacional, Washington, DC.

[2] Avendaño, R., C. Daude y R. Orozco (2013), "Revisiting the identification of credit booms in Latin America", OECD Development Centre Working Papers, OCDE, París.

[3] BBVA (2012), "Situación China/Asia", informe económico, tercer trimestre de 2012, Banco Bilbao Vizcaya Argentaria.

[4] BIS (2013), Debt Securities Statistics, Bank for International Settlements, junio, www. bis. org/statistics/secstats. htm.

[5] BIS (2011), "Global liquidity - concept, measurement and policy implications", CGFS Papers, No. 45, Bank for International Settlements, Basilea.

[6] Borio, C. et al. (2010), "Countercyclical capital buffers: exploring options", BIS Working Papers, No. 317, Bank for International Settlements, Basilea.

[7] CAF (2013), Reporte Comercial, Banco de Desarrollo de América Latina, Caracas.

[8] Carranza, L., C. Daude y A. Melguizo (2013), "Public investment and fiscal sustainability in Latin America: Incompatible goals?", Journal of Economic Studies, de próxima publicación.

[9] CEPAL (2013), Estudio Económico de América Latina y el Caribe, 2013, Comisión Ecónomica para América Latina y el Caribe, Naciones Unidas, Santiago de Chile.

[10] Csonto, B. y I. Ivaschenko (2013), "Determinants of sovereign bond spreads in emerging markets: Local fundamentals and global factors vs. ever-changing misalignments", IMF Working Papers, No. 16/164, Fondo Monetario Internacional, Washington, DC.

[11] Cubeddu, L., C. Tovar y E. Tsounta (2012), "Latin America: Vulnerabil-

ities under construction?", IMF Working Papers, No. 12/193, Fondo Monetario Internacional, Washington, DC.

[12] Elekdag, S y Yiqun Wu (2011), "Rapid credit growth: Boon or boom-bust?", IMF Working Papers, No. 11/241, Fondo Monetario Internacional, Washington, DC.

[13] FMI (2013), Perspectivas de la Economía Mundial: Esperanzas, Realidades, Riesgos, Estudios Económicos y Financieros, Fondo Monetario Internacional, Washington, DC, abril.

[14] FMI (2012), Perspectivas de la Economía Mundial, Hacer frente a los altos niveles de deuda y al lento crecimiento, Estudios Económicos y Financieros, Fondo Monetario Internacional, Washington, DC, octubre.

[15] Fung, K. C., A. García-Herrero y M. Nigrinis Ospina (2013), "Latin American commodity export concentration: Is there a China effect?", BBVA Working Paper, No. 13/06, Banco Bilbao Vizcaya Argentaria, Hong Kong, China.

[16] Galindo, A., y L. Rojas-Suárez (2011), "Provisioning requirements in Latin America: Where does the region stand?", Policy Brief, No. 119, Banco Interamericano de Desarrollo, Washington, DC.

[17] Galindo, A., L. Rojas-Suárez y M. del Valle (2013), "Macro-prudential regulations in Andean countries", Policy Brief, No. 186, Banco Interamericano de Desarrollo, Washington, DC.

[18] González-Rozada, M. y E. Levy Yeyati (2008), "Global factors and emerging market spreads", Economic Journal, Vol. 118 (533), pp. 1917-1936.

[19] Gourinchas, P., R. Valdes y O. Landerretche (2001), "Lending booms: Latin America and the world", NBER Working Paper Series, No. 8249, National Bureau of Economic Research, Cambridge, MA.

[20] Guarin, M. et al. (2012), "An early warning model for predicting credit booms using macroeconomic aggregates", Borradores de Economía, No. 723, Banco de la República, Bogotá.

[21] Hansen, N. -J. H. y O. Sulla (2013), "Credit growth in Latin America: Financial development or credit boom", IMF Working Papers, No. 13/106, Fondo Monetario Internacional, Washington, DC.

[22] Kiyotaki, N. y J. Moore (1998), "Credit and business cycles", The Japanese Economic Review, Vol 49/1, pp. 18 ~ 35, Blackwell Publishers, Londres, marzo.

[23] Levy Yeyati, E. y T. Williams (2012), "Emerging economies in the 2000s: Real decoupling and financial recoupling", Journal of International Money and Finance, Vol. 31 (8), pp. 2102 ~ 2126.

[24] Lim, C. et al. (2011), "Macroprudential policy: What instruments and how to use them?", IMF Working Papers, No. 11/238, Fondo Monetario Internacional, Washington, DC.

[25] Mendoza, E. y V. Quadrini (2009), "Financial globalization, financial crises and contagion", NBER Working Papers, No. 15432, National Bureau of Economic Research, Cambridge, MA.

[26] Mendoza, E y M. Terrones (2012), "An anatomy of credit booms and their demise", NBER Working Paper series No. 18379, National Bureau of Economic Research, Cambridge, MA.

[27] Mendoza, E y M. Terrones (2008), "An anatomy of credit booms: Evidence from macro aggregates and microdata", NBER Working Paper Series No. 14049, National Bureau of Economic Research, Cambridge, MA.

[28] Mogliani, M. (2008), "Cycle du crédit et vulnérabilités financières: évolutions récentes dans certains pays émergents", Document de travail, No 60, Agence Francaise de Développement, Paris.

[29] OCDE (2013a), OECD Interim Economic Assesment, septiembre 2013, París.

[30] OCDE (2013b), OECD Economic Outlook, Vol. 2013/1, OECD Publishing, París. doi: http: //dx. doi. org/10. 1787/eco_ outlook-v2013-1-en.

[31] OCDE (2013c), OECD Southeast Asian Economic Outlook 2013: With Perspectives on China and India, OECD Publishing, París, doi: http: //

dx. doi. org/10. 1787/saeo-2013-en.

[32] OCDE (2013d), OECD Economic Surveys: Colombia 2013: Economic Assessment, OECD Publishing, París, http://dx. doi. org/10. 1787/eco_surveys-col-2013-en.

[33] Roache, S. (2012), "China's impact on world commodity markets", IMF Working Papers, No. 12/115, Fondo Monetario Internacional, Washington, DC.

第二章　拉美在世界财富转移进程中的地位

本章将分析当前全球财富向新兴国家转移进程对拉美经济发展的影响。首先，将对这一中国发挥关键作用的转移进程的特点加以分析。其次，对拉美对这一进程的参与情况加以评估，重点分析该进程对拉美发展模式带来的影响。再次，分析在全球经济新形势下，拉美在推动结构调整、跨越中等收入陷阱和促进包容发展方面面临的复杂局面。最后，考虑上述全球背景在未来一个时期不发生根本变化的情况下，对有利于地区发展的国际参与政策提出一些建议，包括推动生产结构多元化、深化地区市场和提高生产链中的附加值等。

导　言

非 OECD 成员国占全球 GDP 的比重将由 2010 年的 49% 提升至 2030 年的 57%

当前经济形势的突出特点是世界财富在向新兴经济体转移。这种转移源于中国和印度的经济开放。开放进程于 20 世纪 90 年代成型，并在 21 世纪初得到加速发展。中、印经济体的庞大规模、强劲和持续增长，以及对自然资源的巨大需求拉动了一大批新兴发展中经济体的增长。因此，新兴经济体在世界经济中的分量也不断上升。2000 年，非 OECD 国家占全球 GDP 的比重为 40%，2010 年上升至 49%，预计 2030 年将达到 57%（OECD, 2010a）。与此同时，新兴经济体在国际贸易和资金流动中所占的份额也逐步上升。南南贸易占全球贸易的比重从 20 世纪 90 年代的 25% 上升至2011 年的41%。在外国直接投资方面，新兴经济体吸收的外资从2000 年的占全球投资量的20% 增加至2010 年的超过一半。上述变化也完全证实了世界经济中心向新兴经济体转移的趋势。

本章对拉美国家参与世界财富转移过程的情况，以及对其经济发展的一些影响进行分析。亚洲新兴大国的崛起给拉美国家带来了不同的影响，改善了自然资源出口国的宏观经济状况，但对资源产品缺乏国家的影响并不积极。除了上述差别以外，新的全球经济环境使大多数拉美国家结构转型步履维艰，并使其继续受到长期问题的困扰，难以摆脱中等收入陷阱。中等收入陷阱指一些国家达到中等人均收入水平后，便陷入发展停滞的状态（Eichengreen，Park y Shin，2011；Kharas y Kohli，2011）。在存在上述限制条件的情况下，拉美国家需要在融入国际经济的同时，推动更加具有包容性的发展，这也是各国从经济和社会方面赋予发展模式合法性的重要任务。

本章分为四节。第一节分析世界财富向东和向南转移进程的主要特点和阶段。中国在这一过程中发挥关键作用。第二节研究拉美参与这一进程的情况。通过分析可以看出，拉美在世界新的经济中心形成的过程中扮演附属性的角色，其深化结构转型的过程面临复杂的世界经济环境。第三节则介绍刚刚开始的世界财富转移的第二阶段，其特点是中国发展模式的结构性转型。该节还将分析这一新阶段对拉美未来发展的影响。第四节则对拉美各国在充满变化和挑战的国际环境中推动生产力结构发展提出政策建议。

世界财富的转移：主要特点

本节将分析世界财富向新兴国家转移进程的主要特点。具体而言，我们将对这一进程的三个基本特征加以研究，即大多数新兴国家出现人口红利现象、新的中等收入阶层的兴起，以及中国发挥的主导作用。

新兴经济体的人口红利

大多数新兴经济体存在的人口红利现象是推动世界财富转移的重要支撑。在许多国家，经济发展推动出生率的下降。这与呈金字塔形的年轻人口一起带来人口负担率的下降（CELADE，2008；Johansson et al.，2012）。而与之形成对比的是，OECD 国家人口呈现老龄化，负担率逐步上升。

如果将预测期间设定为直至 2060 年，各经济体潜在经济活动人口比重将出现普遍下降（见图 2.1）。然而，下降速度的不同有利于保持新兴经济体和发达经济体之间的增长率差距。到 2060 年为止，发达经济体经济活动人口比重仍将保持较快的大幅下降。2060 年的比重约为 57%。在新兴经济体中，中国与 OECD 国家的情况相似，缺乏人口红利。目前，中国经济活动人口占总人口的比重已经达到峰值。预测结果显示，至 2060 年，中国经济活动人口的比重与 OECD 国家平均水平相似。虽然拉美国家情况差异较大，各国一般能够至少在未来 20 年中提升经济活动人口水平。之后，这一水平才会出现下降。因此，拉美国家普遍享有人口红利，但受益程度不及印度、南非等国。这些国家将在整个预测期间的经济活动人口水平将与当前水平基本持平。

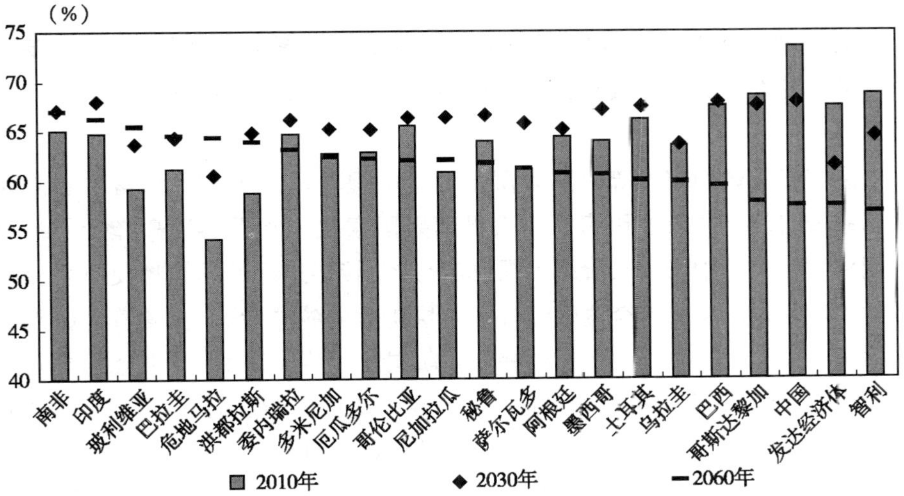

图 2.1　经济活动人口（当前值和预测）

注：经济活动人口包括年龄在 15～64 岁的人。实际数据为 2010 年数据，预测数据至 2030 年和 2060 年。

资料来源：联合国《世界人口展望—2012 年》。

统计链接：http：//dx. doi. org/10. 1787/888932906578.

总体上看，发达经济体和新兴经济体之间的人口差异有助于财富转移进程在无须引发生产要素剧烈变动的情况下进行。一大批新兴国家、特别是包括印度在内的大国享有人口红利有助于保证财富转移过程的多极化。与此同时，人口要素的重要性也能够保障财富转移的过程不会引发生产要素或生产率的剧烈变动。因此，劳动力要素的逐步积累与生产率的缓慢改善有助于保持新兴经济体与发达经济体之间的增长率差距（Johansson et al.，2012）。然而，需要强调的是，人口红利与经济增长之间的联系并不能得到必然保障。实际上，作为最具活力的经济体之一和财富转移进程中的主角，中国并没有人口红利的优势。相反，包括拉美在内的一些具有人口红利优势的地区的表现并未更加抢眼。各国需要采取提高投资水平、推动经济多元化等必要措施，将较高的经济活动人口水平与就业联系在一起，从而持续提升全要素生产率。

新的中等收入阶层

新兴经济体中等收入阶层占全球中等收入阶层的比重将由2010年的55%提升至2025年的78%，从而成为经济发展深化的中流砥柱

新兴经济体国家中等收入阶层重要性的提升已成为世界财富中心向新兴国家转移的又一重要因素。一大批新兴国家收入水平的提高降低了绝对贫困率，扩大了中等收入阶层的规模。[1]这一转移进程的延续将使新兴经济体的中等收入阶层成为全球中等收入阶层扩大的领导者。[2]据测算，新兴经济体国家中等收入阶层占全球中等收入阶层比重将从2010年的55%提升至2025年的78%，支出也将相应地从占全球中等收入阶层总支出的35%增加至60%（Kharas y Rogerson，2012）。更具代表性和更强购买力的中等收入阶层还将推动需求模式的深刻变化。上述因素均为经济增长提供了推动力，新兴经济体的中等收入阶层从收入和消费两个方面成为推动发展深化的重要支撑力量。

然而，由于自身的脆弱性，中等收入阶层支撑经济发展的能力并未得到保障。首先，如果国家财富分配不平等现象扩大，这一社会群体的扩大将面临困难。经济快速增长时期，正如新兴经济体当前的经济增长进程，往往会同时带来收入分配不平等的显著扩大，从而减弱绝对贫困率下降的效果。因此，收入水平正在追赶发达国家的一部分新兴经济体的相对贫困和/或不平等指标并未获得改善（OECD，2010a）。[3] 这些国家的经济增长并不具有包容性，从而使中等收入阶层易受经济冲击的影响，可能再次返贫。[4]

除分配偏差之外，发展模式是否具有可持续性成为新兴经济体中等收入阶层脆弱性的又一重要根源。中等收入阶层的扩大一般出现在中等收入国家。在这些国家中，人均收入的增加主要得益于在初期支撑经济发展的因素，如城市化、农业占用劳动力的减少，以及向技术边界接近等。但当一国发展达到中等收入水平时，上述发展源泉的动力往往趋于耗尽。这些国家在创新发展模式方面遇到的困难会使其陷入人均收入停滞的境地，经济学文献也将之成为中等收入陷阱（Eichengreen，Park y Shin，2011；Kharas y Kohli，2011）。总之，新兴中等收入阶层人数多的国家也往往会遇到较大的发展困境，从而影响这一社会群体的稳定性。

公共服务往往无法及时满足民众期待，成为社会与国家之间产生摩擦的又一来源

在上述背景下，新兴中等收入阶层也对公共政策提出新要求。如果无法得到可持续发展，不能平衡地分配收益，新兴经济体当前的经济快速增长就可能破坏社会和谐。许多新兴经济体公共部门应对上述局面的能力非常有限，缺乏通过财政体系搞好再分配的能力，社保体系（养老和失业保障）覆盖面不足。此外，新兴中产阶级的需求模式也发生了变化，更多关注交通或教育等弹性支出。而这方面的公共服务往往无法及时满足民众期待，成为社会与国家之间产生摩擦的又一来源。如果政府不能适当回应这一新期待，社会就易会发生动荡。近期一些新兴经济体的社会动荡也证明了这一点。

中国的引领作用

世界财富转移进程的一个基本特点是中国发挥的主导作用。一方面，中国的增长得益于十分活跃的投资以及各要素在产业间再分配的过程。投资的快速增长导致资本对经济增长的贡献与日俱增，并在近年来达到最高水平。[5]另一方面，农业部门仍吸收着较高比重的劳动力（约占劳动力总量的 35%），从而为要素向工业和服务业部门转移保留了较大空间。[6]上述两个因素使中国成为在结合经济规模和增长速度方面成为独一无二的榜样。此外，中国对一大批新兴经济体的拉动效应也使其成为世界财富转移进程的引擎。这些新兴经济体的增长与中国的繁荣密不可分（Garroway et al. 2012）。

鉴于中国发挥的重要作用，中国发展模式的转变也可以用来划分财富转移进程的不同阶段。第一阶段是中国、印度自 20 世纪 90 年代开始的融入世界经济的过程，其直接影响是使 20 亿劳动者进入世界经济体系。他们中的大部分人具备基本技能，从而降低了全球的土地—劳动比率（OECD, 2013a）。这也降低了大量工业制成品和服务的成本，使其为一大批发展中国家所能够负担，并改善了原材料出口国的贸易条件。上述两个因素推动了一大批新兴经济体和发展中国家的增长（OECD, 2010b）。

财富转移进程的第二阶段尚处于萌芽状态，其主角仍然是中国。这一阶段的特点是中国经济从投资向内需拉动转型（CEPAL, 2012a）。支撑这一转型的是规模日益庞大的中等收入阶层。他们正为需求模式带来重要转变。第二阶段的一个重要假设是中国的经济结构逐步从目前的劳动力密集型转向知识和技术密集型。这些变化也将影响到其他国家参与全球经济的机遇。

无论使用何种变量和方法进行测算，中国都将在新的世界经济力量中心中保持主导作用。存量（例如，国际净投资头寸）和流量（对全球 GDP 增长的贡献率）分析均表明，中国仍将是新的世界经济场景中的主角（OECD, 2010a; CEPAL, 2012a）。关于中国在财富转移进程中的主导作用，特别是在其对全球增长的贡献，[7]以及成为全球第一大经济体的前景，[8]学界业已形成共识。

拉美对世界财富转移进程的参与

本节将分析拉美在全球财富向新兴国家转移进程中的作用，以及这一进程对其经济发展的影响。首先，将阐述拉美对世界财富向新兴国家转移进程的贡献。需要指出的是，尽管拉美经历了经济持续扩张的周期，与亚洲相比，其对这一进程的贡献相对较小。其次，需要强调的是，世界财富转移进程加大了拉美结构转型的难度。因为，这一进程包含的贸易分工模式不利于拉美国家生产能力的积累，从而导致形成使拉美继续陷入中等收入陷阱的不利环境。

拉美对全球经济增长的贡献并未超过 20 世纪 90 年代的水平，保持在 8% ~9%

与亚洲相比，拉美对世界财富向新兴经济体转移进程的贡献较为有限。尽管拉美地区自 21 世纪初便开始经历了持续的增长周期，还不能说拉美已经成为全球经济的一个新的增长极（见图 2.2）。实际上，拉美对全球增长的贡献并未超过 20 世纪 90 年代前五年的水平，一直保持在 8% ~9% 的水平。这与亚洲新兴经济体的情况不同。亚洲新兴经济体对全球经济增长的贡献不断扩大，且在近期尤为显著。拉美未对世界增长缺乏显著贡献的情况也传导至其在世界经济中的相对分量。虽然在 20 世纪末亚洲新兴国家和拉美在世界经济中所占份额较为接近（1999 年分别为 6.1% 和 6.9%），但到 2011 年差距显著拉大，亚洲新兴国家所占份额达到 16%，为拉美国家同年所占份额的两倍。[9]

拉美自然资源出口国的经济周期与中国日益同步化

地区总体情况掩盖了各国之间存在的深刻差异。根据是否属于自然资源出口国这一前提，世界经济重心向新兴经济体转移进程给拉美国家带来了差异化的影响。以南美国家为主的自然资源出口国的经济周期与亚洲特别是中国日益同步化（见专栏 2.1）。有关效果通过外部账户和财政收支改善、资本流入增加或债务率下降影响着宏观经济变量。中国对原材料的需求使拉美自然资源出口国的出口收入不断增加，甚至在雷曼兄弟倒闭引发的世界贸易大幅收缩时仍保持相对稳定。因此，对华出口分量较重的国家（巴西、智利和秘鲁）受到由实体经济渠道传导的冲击的影响比那些与中国和印度贸易联系较少的国家（主要是墨西哥和中美洲国家）小得多（OECD，2010b）。金融渠道传导的冲击对各国的影响也各不相同。受益于亚

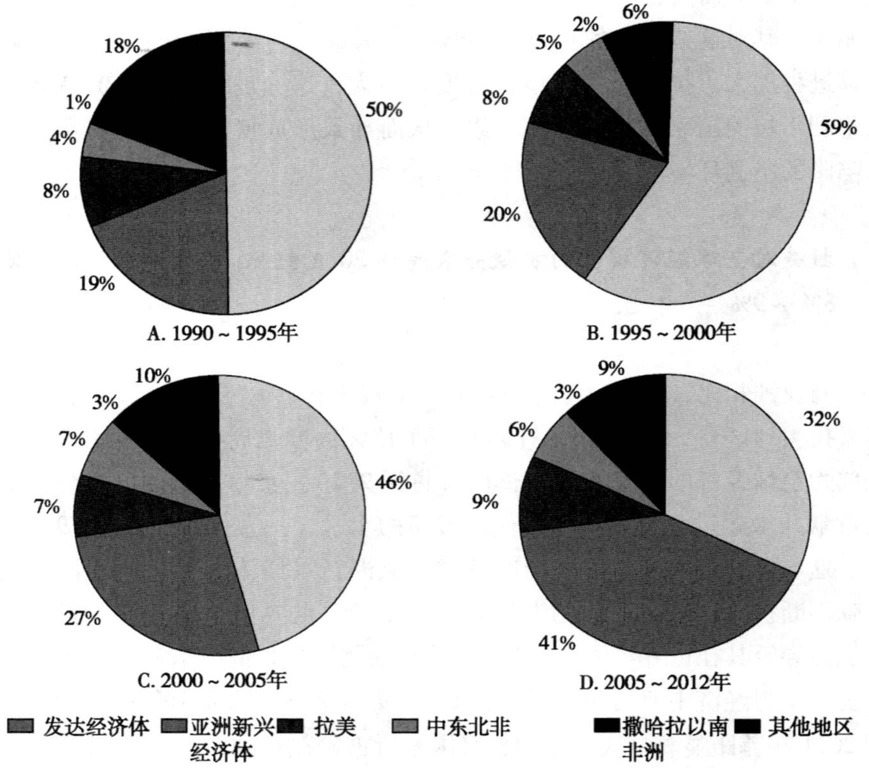

图 2.2　各地区对全球经济增长的贡献（1990 ~ 2012 年）

注：GDP 按购买力平价计算。贡献率为各地区 GDP 增长在全球 GDP 增长中所占份额。

资料来源：根据 FMI《世界经济展望》数据编制。

统计链接：http：//dx. doi. org/10. 1787/888932906597.

洲国家对原材料需求、并能够对出口部门增加收入进行有效管理的国家面对金融渠道传导的冲击的脆弱性更低（OECD, 2009）。由此可见，亚洲新兴经济体与拉美的经济关系呈现出巨大的不同质性。

专栏 2.1　中国和拉美经济周期的同步性

中国经济对拉美影响的不同质性反映在双方经济同步化的问题上。实证经验表明，自世界财富向新兴经济体转移进程开启以来，中国和拉美经济增长的关联度在不断上升（Cesa-Bianchi et al. , 2011）。中国需求的外溢效应、拉美国家生产结构的变化，以及双方贸易联系的密切成为中拉经济周期日益同步化背后的一些因素（Calderon，2007）。与中拉经济关系其他方面的情况相似，上述因素导致的经济周期同步性在拉美各国的反映也各不相同（Lederman，Olarreaga y Rubiano，2008）。

为了说明这一趋势，本专栏对中拉经济周期间联系的两个方面加以阐述。下图显示了中国和一些拉美国家集团（南美洲、中美洲和墨西哥）在GDP 增长方面的关联度不断增加。自上一个10 年的经济扩张周期开始，中拉之间的关联度呈总体上升的态势。最近一个时期，南美洲国家与中国增长的关联度上升显著，而中国与墨西哥增长的关联度则保持稳定，与中美洲国家的关联度近年来出现下降。

另一种评估经济周期同步性的方法是考察GDP 周期因素之间的关联度。为此，我们使用了H-P 滤波器，将GDP 序列分解为非季节性趋势因素和周期因素。比较分析显示，南美国家和墨西哥与中国周期因素的关联度持续上升，而中美洲国家的关联度则保持在更低水平。

上述两方面的研究结果证实，中国对拉美的影响确实具有差异性。南美国家与中国的经济周期更加同步，这主要是回应中国对原材料需求的结果。中美洲与中国在上述两个方面的关联度均较低，特别是增长率的关联度。最后，墨西哥与中国经济周期的同步性出乎意料。因为，两国的贸易互补性有限。然而，两国周期的同步性是双方存在大量产业内贸易的结果（Calderon，2007），也与墨西哥加入《北美自由贸易协定》有关。通过中国与美国和加拿大的贸易联系，该协定成为中墨两国经济周期之间的间接传导机制（Cesa-Bianchi et al.，2011）。相似的机制在中美洲与中国的同步性方面也发挥着一定作用。

拉美的国际融入

在第一阶段的世界财富转移进程中，拉美面临着如何保持和发展在工业制造业领域比较优势的严峻挑战。亚洲新兴大国融入全球经济带来的世界土地—劳动比率下降，一方面推动了自然资源出口国贸易条件的改善，引发了这些国家的贸易分工向初级产品部门集中或第三产业化现象；另一方面，这也使制成品出口国在保持自身在工业领域的比较优势方面面临着更为复杂的局面。因此，亚洲新兴大国经济开放也通常被认为是导致拉美

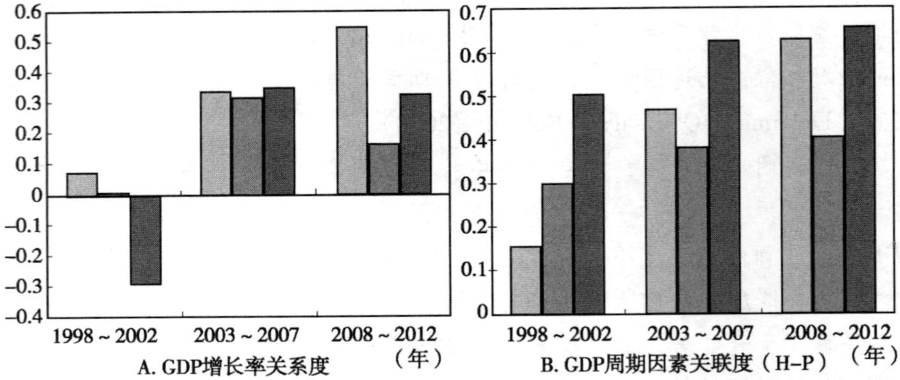

注：H-P滤波器包括季度序列中常使用的lambda（lambda=1600）：南美国家包括阿根廷、玻利维亚、巴西、智利、哥伦比亚、厄瓜多尔、巴拉圭、秘鲁和委内瑞拉；中美洲国家包括哥斯达黎加、萨尔瓦多、危地马拉和多米尼加。

资料来源：根据FMI（国际金融统计数据库）季度数据编制。

图 2.3　拉美：与中国经济周期的同步性（1998~2012 年）

统计链接：http：//dx. doi. org/10. 1787/888932906616.

发生去工业化的一条渠道。中拉贸易抑制了拉美劳动要素密集型制造业的发展，导致了拉美出口的初级产品化（Lederman，Olarreaga y Rubiano，2008），且并没有促进技术和知识外溢的形成（De la Torre，Didier y Pienknagura，2012）。在亚洲新兴经济体中，中国对拉美的制造业发展构成最大的挑战。多种要素的结合（要素禀赋、规模经济、生产率和公共政策的推动作用）显著增强了中国在制造业领域的竞争力（Mesquita-Moreira，2006）。

拉美在制造业领域形成动态比较优势的困难也显示出地区在提升生产率水平方面面临的主要问题。这已在研究文献中得到广泛论述（Solimano y Soto，2005；Daude y Fernandez-Arias，2010），并被归咎于拉美发展模式自身的局限性，包括经济结构的不同质性和低储蓄率水平。来自亚洲新兴经济体日益激烈的竞争无非是使上述局限性进一步激化，抵消了拉美在一些市场具有的自然优势（如地理距离近）。从这一角度看，拉美的去工业化趋势是内外部因素共同作用的结果。

拉美推动经济多元化的努力并未明显改变其出口产品低端化的专业分工模式。为解释这一趋势，附录2. A1 分析了一些拉美国家1990~2009 年期间经济多元化的部门导向情况。大部分南美国家（阿根廷、玻利维亚、智利、厄瓜多尔、巴拉圭、秘鲁和乌拉圭）的分工模式仍集中在农业或采掘业部门。而危地马拉或多米尼加等中美洲国家则与此相反，提升了在劳动密集型制造业的比较优势，但产业高端化程度不足。[10]

除上述趋势以外，以墨西哥为代表的少数国家成功地将多元化引入更高端的部门。然而，针对此类多元化进程是否意味着这些国家从事着高附加值的经济活动，仍存在疑问。在此类国家推进多元化的一些产业部门，生产过程的分割使其能够通过从事高端部门中的低附加值活动获得比较优势。这样，这些国家贸易广度的发展便主要集中在高端产业（机械和化工产品）中与汽车、电力机械、塑料制品和办公设备有关的行业。[11]而这些行业的特点是产业链在各国间的分割（见图 2.4）。在这些行业中，出口产品的种类并不能代表出口国的竞争力和技术水平（Sturgeon y Gereffi，2008）。这种分工模式在新兴经济体十分常见，这些国家高技术部门的工业中间产品进口水平通常较高（OECD，2013b）。

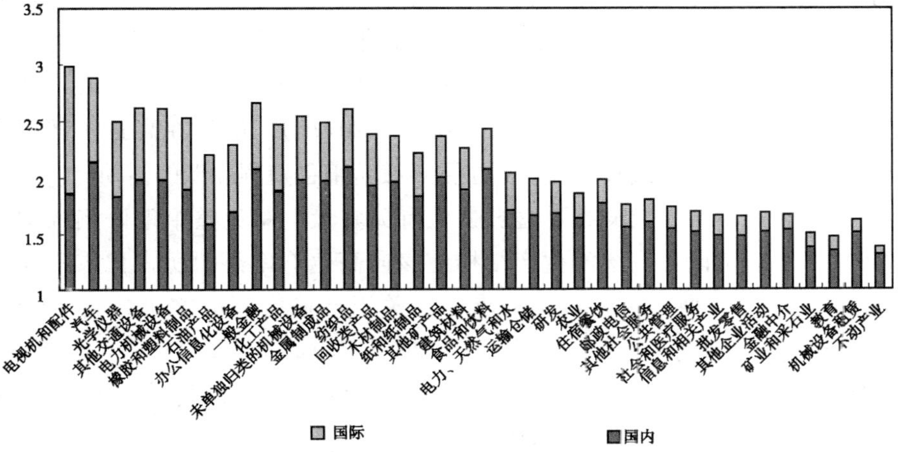

图 2.4　各行业生产分工情况

注：根据 Fally（2011）提出的方法，图中指数显示了各行业产业链的垂直分工情况。该指数衡量了一条产业链中各生产工序的平均数，并通过每道工序的附加值进行加权计算。指数的最小可能值为 1，即没有任何中间产品生产阶段。该指数还区分了国际和国内分工两种情况。横轴代表的各个行业根据国际分工程度高低排列。

资料来源：OECD（2012），“Mapping global value chains”，OECD，paris。

只有能够自己形成足够大能力存量的国家才具备生产更高端产品的条件

为提供评估地区贸易分工模式的另一视角，我们将对拉美国家能力存量的演变进行分析（见图2.5）。[12]这些能力一般指一个国家无法通过贸易获得的技能总和，包括机构质量、人力资本水平或基础设施状况等（Hidalgo y Hausmann, 2009）。这些能力的非贸易性意味着，只有那些能够自己形成足够广泛和复杂的能力存量的国家才具备生产更高端产品的条件。鉴此，图2.5显示出，与世界平均水平相比，部分拉美国家自20世纪90年代起能力积累的速度出现下降。[13]

上述指标显示出拉美在找到"良性"增长道路方面遇到的困难。拉美的多元化进程仍然没有改变，甚至强化了地区各国生产低技术密集度产品的贸易分工模式，未能通过促进生产部门的联动，推动能力的快速积累。因此，地区各国在未来几年中仍需进一步拓展转型空间（应根据各国特点和初始分工类型推进）。需要指出的是，即使是那些在更高端工业方面（通常是制造业）业已取得比较优势的国家（墨西哥和中美洲），也应在产业链地理分割程度高的部门推动转型（CEPAL, 2012b）。即便在高技术部门内部，这些国家的分工模式往往使其主要承接价值创造程度低的活动。

上述情况说明，拉美需要通过强化有关政策，避免整个地区陷入中等收入陷阱。拉美国家应该的生产结构应该向高生产率部门所占比重不断扩大的结构实现转型。这一转型需求已在关于产业空间的文献中得到论述（Hausmann, Hwang y Rodrik, 2007; Hidalgo y Hausmann, 2009; Felipe, Kuma y Abdon, 2010），也为将经济发展与能力建设相联系的传统理论所重视（Ciarli et al., 2010; CEPAL, 2007）。

总之，世界经济重心向亚洲新兴经济体转移的进程引发了关于拉美陷入中等收入陷阱的更多担忧（Paus, 2009; Foxley (ed.), 2012）。虽然一些国家已经出现了深刻转型，但拉美地区仍需要大力缩小差距。这同时也为推动多元化和能力发展的公共政策提供了机遇。

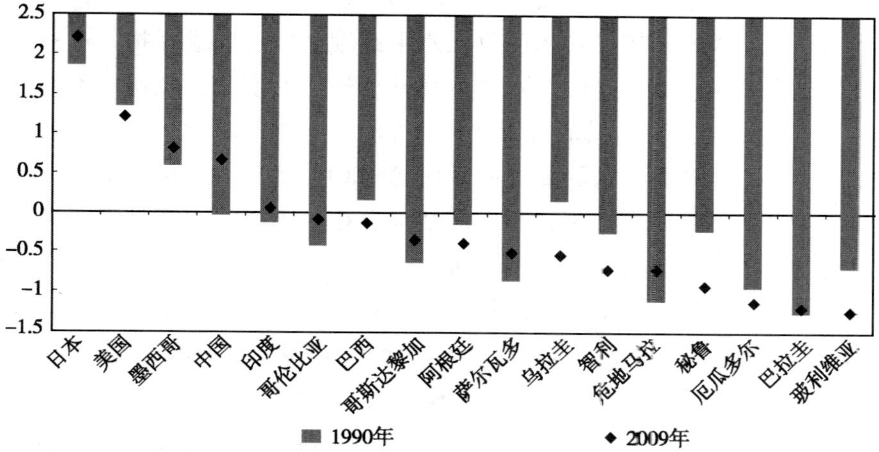

图 2.5 生产能力指标（1990 年与 2009 年对比）

注：生产能力指标（附录 2. A2）的值越大说明一国能够生产越高端的产品。能力变量取决于其产品网络在每一时刻的连通性，是标准化变量。取值为 0 说明能力水平与世界平均水平一致。取值为 1（-1）说明能力高于（低于）世界平均水平的标准差。

资料来源：根据 COMTRADE y Feenstra, et al. (2005), "World Trade Flows: 1962～2000", NBER Working Paper N° 11040 编制。

统计链接：http: //dx. doi. org/10. 1787/888932906654.

面向世界财富转移的第二阶段

本节将分析刚刚开始逐步发展的世界财富转移的第二阶段，并对其可能给拉美地区带来的影响加以阐述。一些具有代表性的新兴经济体仍将是这一阶段的参与者，中国也将继续发挥主导作用。我们将对中国发展模式的两个特点进行研究。这些特点将决定财富转移的未来进程，也对包括拉美在内的新兴经济体带来重要影响。

亚洲新兴大国生产结构的变化将为其他国家带来贸易机遇

财富再平衡的新阶段的主要特点是一大批经济体经济增长趋于稳固。

如果说中国和印度的经济开放是财富转移进程第一阶段的催化剂，第二阶段的特点是一大批新兴经济体的收入水平继续向发达国家靠拢。这一过程也伴随着各国在达到中等收入水平后通常会经历的变化，包括出生率下降（在一些国家会出现负担率的下降）、中等收入阶层的壮大、人力和技术资本的积累，以及产业结构的高附加值化（OECD, 2013a）。随着上述变化在亚洲大型新兴经济体的出现，其生产结构也在向更高端化产品生产部门转换，并增加了对劳动密集型产品的进口需求。这给曾经备受中国和印度经济开放所带来竞争困扰的出口国特别是专业生产劳动密集型产品的低收入国家提供了新的贸易机遇（Chamon y Kremer, 2009）。因此，这一世界财富转移的新阶段将获得广大新兴经济体和发展中国家的支持。

中国将在财富向新兴市场转移的过程中继续发挥首要作用。中国已经开始经历上述变化，这也促进了中国发展模式的转型。具体而言，有关中国的两个方面内容将决定确定未来财富转移进程的形式。首先，中国的增速趋于放缓，并将逐步用内需替代投资的作用。其次，在经济增长源泉更迭的同时，中国经济未来增长的另一个特点是结构转型的持续推进。这将会使中国的比较优势转向更高附加值的产品生产部门，并逐步放弃作为当前中国国际贸易主要组成部分的低端劳动密集型产品生产部门。

从投资向消费转换

中国经济发展向更多依靠内需、更少依靠投资模式的转换过程是一些因素作用的结果。一方面，过分依赖投资的发展模式不断丧失动力。中国是世界上投资率最高的国家之一，投资占GDP的比重在2011年达到45%（OECD, 2013c）。如此高水平的投资率导致资本回报率接近收益递减区间，将导致资本回报水平的下降。与此同时，目前的城市化速度有望放缓，这也将导致投资在GDP中所占比重的下降（OECD, 2013a）。另一方面，与一大批新兴经济体的情况相似，近几十年的经济持续增长壮大了中等收入阶层的规模，提升了他们的需求能力，使其成为拉动内需的支撑（OECD, 2010a）。

上述情况也将意味着中国外需的重大调整。中国将减少对与投资活动有关的中间产品特别是基础设施和房地产市场有关的需求（ESCAP, 2013）。一些重要的中间产品包括基础金属产品，如铁、铝、铜、锌、镍和铅等。

目前，中国旺盛的投资增长导致对这些产品的需求上升至远远超出人均收入所决定的水平。因此，无论从当前的需求水平，还是从投资对经济拉动作用下降的预期分析，中国对上述产品的需求都将出现下降。根据这一趋势，包括智利和秘鲁在内的拉美地区主要基础金属产品出口国可能受到中国经济新环境影响的程度最大。

其他一些观点则认为，亚洲国家与投资相关的、对自然资源需求未来下降带来的影响不大。他们认为，中国对初级产品强劲需求发生显著逆转将在几十年后才会发生（ADB，BID y ADB Institute，2012）。此外，其他一些国家有条件填补中国让出的任何需求空间。特别值得注意的是，印度对基础金属产品的需求已经处于快速增长之中。这一需求还将随着印度未来城市化进程的发展而进一步扩大。[14]印度目前的城市化发展远不及其他新兴经济体，但更具发展空间。

中国需求变化的另一个方面是消费品需求的变化。中国中等收入阶层的发展不仅带来消费品需求量的增长，更促进质的提升。这一情况在食品类产品上得到显著反映。中国对食品产品的需求不仅是数量上的依赖，也日益转向与更高生活水平相联系的产品，如奶、肉、蛋等。就拉美而言，上述变化将使包括阿根廷和秘鲁在内的农牧产品主要出口国受益。中国经济持续发展的另一个重要影响是弹性支出的增加，这也引发了对金融和交通服务需求的不断增长（BBVA，2013）。因此，中国以及其他新兴市场国家需求的增长也将拉动汽车工业的发展。作为拉美地区汽车工业最为发达的国家，墨西哥将从中受益。上述收益并不一定反映在墨西哥对华汽车出口的增长中，而是通过全球汽车需求增长的连锁效应得以实现（Citigroup，2012）。

中国的结构转型

中国的结构转型是影响未来世界财富转移进程演变的第二个重要因素。中国成为“世界工厂”的过程也是其分工模式向加工制造和组装业集中的过程，而这些行业的一个共同特点是属于劳动要素密集型产业（OECD，2013a）。随着时间推移，中国的初始分工优势已经转向中高端技术产品。这是市场规模、教育和创新体系发展，以及政府推动技术积累等因素共同作用的结果（Altenburg，Schmitz y Stamm，2008），从而使得中国今天的出口结构与人均收入水平更高的国家较为相似（Paus，2009）。

中国的产品空间结构中的两个特点使其在发展贸易广度方面占据十分有利的地位（见图2.6）。该图比较了一国出口多元化程度，以及现有出口产品与尚未出口的高端产品之间的相关性。可以通过“潜在Expy”变量对相关性进行衡量（Jankowska，Nagengast y Perea，2012），有关技术细节参见附录2.A2。该变量的特点是与多元化程度呈“倒U形”关系。这主要是因为高度多元化的经济体知识和技术密集型部门中尚未纳入其出口结构的行业数量较少。可以看出，中国已经进入了相关性收益递减的阶段，但还远不及发达国家的程度。这也使中国具备进一步推动结构转型的有利条件。目前，中国在出口多元化方面排名世界第八，在相关性方面名列第六。

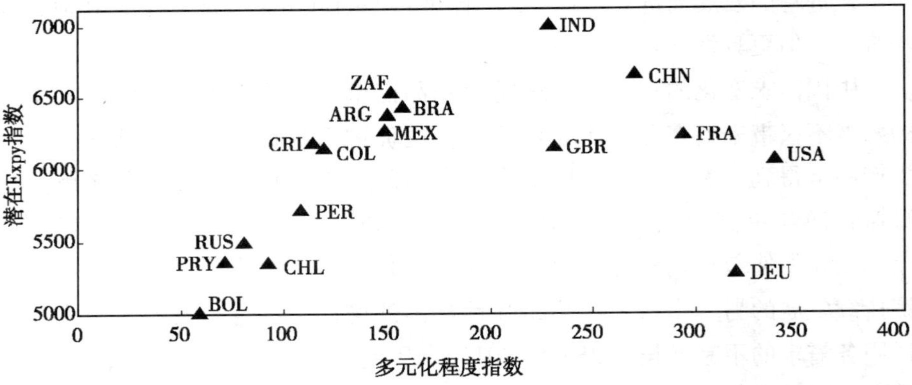

图2.6 出口的多元化及相关性（2009年）

图例：ARG，阿根廷；BOL，玻利维亚；BRA，巴西；CHL，智利；CHN，中国；COL，哥伦比亚；CRI，哥斯达黎加；DEU，德国；FRA，法国；GBR，英国；IND，印度；MEX，墨西哥；PER，秘鲁；PRY，巴拉圭；RUS，俄罗斯；ZAF，南非。

注：横轴代表多元化程度，即一个国家拥有显性比较优势（VCR > 1）的部门的数量。纵轴则通过“潜在Expy”变量指标衡量出口篮子的相关性（有关技术细节参见附录2.A2）。

资料来源：根据COMTRADE y Feenstra，et al.（2005），“World Trade Flows：1962～2000”，NBER Working Paper N° 11040编制。

统计链接：http：//dx. doi. org/10. 1787/888932906673.

中国在高端制造业方面的密度是新兴国家中最高的，远高于拉美国家

中国出口结构的相关性也延伸至更高端的产业部门（见图 2.7）。该图显示了中国出口部门与高端产业（机械和化工产品）之间的接近度。可以通过密度变量对接近度进行衡量（Hidalgo et al.，2007），该变量值越大的产品更容易被纳入出口篮子。[15]如图所示，中国在高端制造业方面的密度是新兴国家中最高的，远高于这些行业得分最高的拉美国家（在机械行业高出墨西哥 78%，在化工产品领域高出巴西 66%）。上述结果证实了中国具备在高端制造业或高技术含量部门继续保持和提升竞争力的研究结论（Paus，2009）。根据相关研究，一些机械工业部门（工业、电力和交通设备）是在中国成长为制造业大国的过程中最易受到冲击的部门（Lederman，Olarreaga y Perry，2009）。

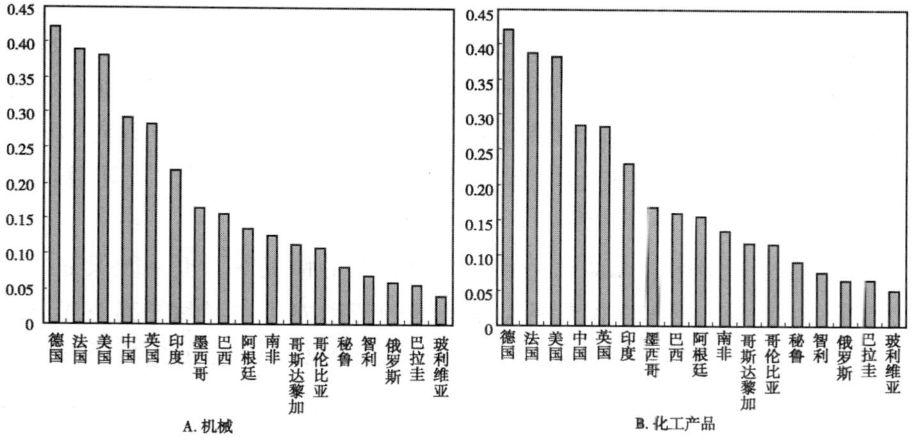

图 2.7　高端制造业部门的密度（2009 年）

注：图中值代表各国相应工业部门的平均密度，值越大说明在该部门获得比较优势的可能性越大。指标设计参见附录 2. A2。

资料来源：根据 COMTRADE y Feenstra，et al.（2005），"World Trade Flows：1962 ~ 2000"，NBER Working Paper N° 11040 编制。

统计链接：http：//dx.doi.org/10.1787/888932906692.

中国实际工资水平的上升引发了对其能够在劳动要素密集型部门继续保持比较优势的疑问

中国产业结构发生的第二个变化是可能丧失在非熟练劳动要素密集型

产品部门的比较优势。一些学者得出结论认为，中国即将超越劳动要素从传统部门向现代部门转移不引发工资上涨压力的阶段（Cai y Wang，2008；Zhang，Yang y Wang，2010）。近年来，中国的实际工资水平已经出现较大上涨（CEPAL，2012a），并受到人民币平缓升值的推动。这也引发了对中国能否在对劳动成本十分敏感的劳动要素密集部门保持比较优势的疑问。对单位相对劳动成本演变趋势的分析表明，巴西、中国和俄罗斯是自 2005 年以来这一成本增加最快的新兴国家，而墨西哥则是这一成本下降最多的拉美国家（OECD，2013a）。

此外，其他一些因素能够保证中国在许多劳动要素密集型产业中继续保持比较优势。中国内陆地区近 8 亿人口构成十分可观的劳动力储备大军，这也助长了较高的生产要素分布的地区不同质性（团性，lumpiness）。这一趋势对于将劳动力要素纳入知识密集型部门尤为重要（Lu，Milner y Yu，2009）。这一不同质性也可以使中国在广泛的产业部门同时获得比较优势，既包括非熟练劳动要素密集部门，也包括技术或知识要素更为密集的部门。这样，中国便可以在本国内部找到劳动密集型产业转移的可能性。

即使在中国最终放弃劳动密集型专业分工的情况下，也不能保证拉美就能够从中获益。拥有丰富具备基本技能的劳动力要素禀赋的其他亚洲国家能够承接中国转移出去的劳动密集型产业。例如，印度就比拉美国家在劳动要素密集型制造业部门更具替代性（Lederman，Olarreaga y Rubiano，2008）。[16]包括孟加拉和越南在内的其他一些亚洲新兴经济体在此类产业上尤具竞争力，并已经开始承接中国转移出的一些产业（OECD，2013a）。总之，可以看出，亚洲新兴经济体仍将在具备基本技能的劳动要素密集型产品的全球生产中保持较大份额。

面向为发展服务的国际融入：拉美的选择

本节将分析拉美在国际环境继续推动其出口初级化的背景下，通过融入全球经济促进自身发展的一些选项。首先，将分析支持拉美国家将出口多元化设定为优先目标的一些理由。其次，在拉美难以通过价格优势与亚洲制造业大国展开竞争的背景下，提出推动多元化的两条非排斥性途径。第一条是推动地区贸易一体化，第二条是在产业链中寻找和获取附加值。

需要推动出口篮子多元化

贸易多元化与结构转型和经济发展密不可分。实证经验表明，出口多元化程度与经济发展之间呈正相关（De Ferrari et al. , 2002）。在人均收入水平越低的国家，这一关系越强烈（Imbs y Waczyarg, 2003）。对此类国家而言，结构转型取得成功要求逐步引入新的产品，而不是强化在一系列既有出口产品生产上的专业分工（Hausmann, Hwang y Rodrik, 2007; CEPAL, 2012b）。

推动出口多元化也是拉美发展模式的内在要求。亚洲国家对原材料需求的不断增长导致了一些专业化程度已经很高的拉美国家进一步强化了在自然资源出口方面的专业分工。这一分工模式带来的风险已经得到广泛论述[17]，包括出口收入波动、荷兰病等问题。除了这些问题以外，自然资源出口型专业分工无法成为成功推动结构转型、摆脱中等收入陷阱的适当途径。尽管也存在一些例外情况，但有证据显示，出口产品以自然资源为主的国家更倾向于陷入发展水平的停滞。自然资源出口部门无法通过就业等方式对经济体其他部门产生积极的外溢效应（McMillan y Rodrik, 2011）。

成功的多元化战略不能仅仅以向与自然资源无关的部门发展为唯一标准。拉美在如何通过发展各类制造业（无论其复杂化程度如何）实现生产结构多元化方面面临着较大的疑问。这部分是因为引导拉美国家分工向原材料部门集中的力量，特别是亚洲国家对这些产品的需求未来显著变动所带来的不确定性所导致的，同时也是亚洲国家在从劳动密集型到包括更多知识和技术含量的广泛制造业部门强大的价格竞争能力带来的结果。在上述情况下，拉美实现工业化的能力仍继续面临着重大挑战。

深化地区市场

现有的大量区域贸易协定并未显著扩大拉美区内贸易的规模

拉美可以采取的第一个战略是推动地区市场的深化。地区经济一体化机制的成立最早可以追溯至20世纪中叶。这一进程随后以不同的速度向前发展，并导致一大批地区贸易协定的出现。与此同时，自 20 世纪 90 年代开始，地区经济体在向国际贸易开放方面迈出了重要的步伐。拉美的贸易开放度[18]随之从 1990 年的 33% 上升至 2011 年的 48% 。[19]然而，贸易增长主要来自拉美与区外国家贸易的增加。拉美区内贸易仍发挥着次要的作用，重要性远不及各国在其他经济领域的联系（见图 2. 8）。[20]大量地区贸易协定的存在并未带来区内贸易的显著增长。

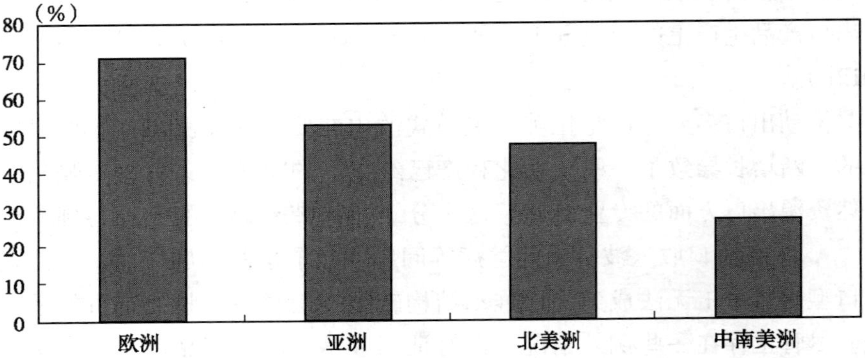

图 2. 8　区内出口（2011 年，占总出口的百分比）

资料来源：根据 OMC（World and Regional Merchandise Export Profiles，2011）各地区数据编制。

统计链接：http：//dx. doi. org/10. 1787/888932906711.

可以从不同方面解释拉美区内贸易量较低的现象。最常提到的一个视角恰恰是大量贸易协定的存在。许多此类协定主要是出于政治动机，而并未考虑各成员国间的经济互补性。地区协定的泛滥使许多拉美国家同时成为多个协定的成员国，难以在各个协定之间协调自身的贸易战略（Malamud y Gardini，2012）。

除了改善机制设计之外，拉美国家在扩大区内贸易方面的潜力较大。例如，可以加强中美洲与南美洲之间的贸易。这两个次地区的出口结构不同，这也解释了它们在上一个经济增长周期中的差异化表现。双方出口篮子的差异恰恰提供了较强的贸易互补性，目前的贸易水平完全与之不符。其他次地区之间也具备类似的互补性，如南方共同市场国家与安第斯共同体国家之间（CEI，2013）。

形成统一的贸易空间有助于促进拉美地区的出口多元化进程，推动高附加值产品部门的发展

地区市场的深化能够带来各种收益。形成统一的贸易空间能够通过为某些产业部门发展创造有利环境来推动多元化进程。而这些正是各国在发展中遇到较多问题的产业部门。贸易数据显示，区内贸易的特点是高附加值产品、特别是工业制成品所占比重较大（Baunmann，2008）。此外，地区市场的形成能使许多拉美国家利用一些持续增长的地区大型经济拥有的规模优势。拉美经济的特点之一是经济规模的不对称分布。2012 年，地区 7 个最大的经济体占整个地区 GDP 的 85%。[21]这一不对称性使地区市场的深化为小型经济体的发展提供了支撑，使其能够获得规模效应，以及比本国大得多的市场。

获取附加值

推动拉美经济体更好地融入全球经济的另一战略是多元化向高附加值部门发展。支撑这一战略的理由如下：首先，生产过程的地理分割和全球价值链这一组织模式的出现，改变了多元化的规则。生产网络的形成使集中于某一步骤的专业化生产成为可能，各国无须承担生产一种产品的所有工序（OECD，2013b）。这样，各国在国际贸易中的地位更多地取决于其所从事的具体任务，而非任务所属的产业部门。中国从事的组装活动或印度承担的企业服务都是这一转变的例证。在这一新的生产框架下，附加值成为衡量一个经济体参与专业化贸易分工质量的参考变量。其次，鉴于当前环境对拉美制造业发展的限制，需要从自然资源工业和服务业方面探寻多元化机遇。自然资源工业可以通过多个渠道推动结构转型，包括增加公共收入，吸引外国直接投资等（OECD，2013d）。服务业也能够通过创造高质量就业发挥相似效应。[22]

由于在创造和截留价值方面面临着较大挑战，新兴经济体将获取附加值作为多元化战略的轴心。我们将对与一个国家出口有关的三个方面内容进行比较（见图 2.9），即国内创造附加值的百分比（横轴）、制成品专业分工（纵轴），以及一个国家的生产能力存量（球体）。通过对这几个变量的分析可以看出以下几点。首先，属于制成品分工模式的新兴经济体在产业链中获取价值的能力有限。相比出口简单的标准化制成品为主的国家（马来西亚、泰国），这一问题对出口产品相对更为复杂的国家而言更加突出（如韩国、新加坡）。其次，在下图的另一端，分工模式集中于自然资源的国家（阿根廷、巴西、智利和印尼）则有能力从出口产品中获得更大比重的附加值。这是由于此类国家融入全球价值链的程度较低，也是原材料出口一般需要的中间进口投入更少的缘故（OECD，2013b）。与此同时，生产能力存量较低也意味着出口结构更加简单。与上述两类国家相比，发达经济体则在出口产品使用的能力存量与出口附加值获取之间保持更为理想的平衡。

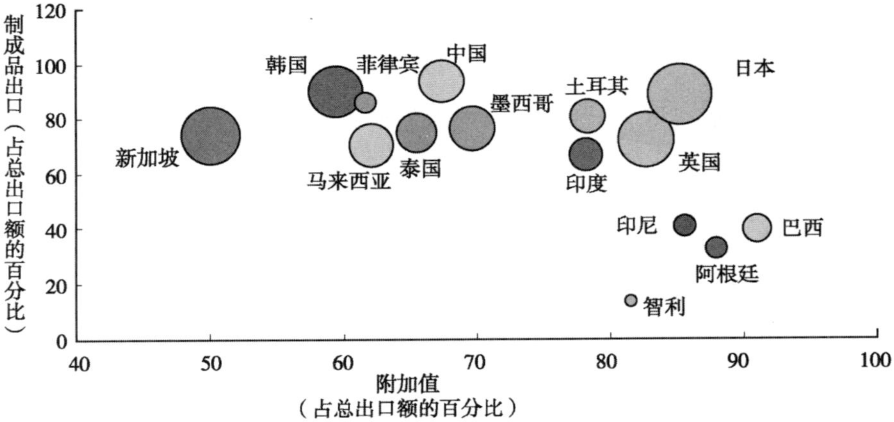

图 2.9　附加值、贸易分工和生产能力（2009 年）

注：横轴代表出口产品的国内附加值占总出口额的比重。纵轴代表一国制成品出口占总出口额的比重。图中各圆形的直径大小与各国生产能力产量直接呈等比例关系。

资料来源：根据 OECD/WTO（Trade in Value Added database）和世界银行“世界发展指数”编制。

统计链接：http：//dx. doi. org/10. 1787/888932906730.

无论贸易分工模式如何，许多新兴经济体在提升附加值方面面临着困难（见图 2.9）。一方面，自然资源分工型国家获取的附加值较多是因为其出口产品所需加工水平较低，生产步骤和加总价值的机会均较少。这样，出口部门通过就业创造或与生产链其他部分的对接为经济体其他部门创造正溢出效应的能力便显著降低。对于这些国家而言，要实现创造更大附加值的目标就必须推动多元化，向产业链更长的部门，即允许最终产品实现更大差异化的部门转型（见专栏2.2）。

对于分工模式向制造业集中的新兴经济体而言，怎样截留附加值是价值问题的核心。这些国家存在一定程度的异质性，包括一些生产能力存量更高、分工行业和部门的知识和技术含量更多的国家。然而，新兴经济体在这些部门中所从事的一般为产业链中较次要、生产率较低的活动（Globerman，2011），且中间产品的进口量较大。这也使它们为出口产品增加的价值与这些产品的最终价值之间存在较大差异。

专栏2.2　拉美自然资源出口国通过产品空间实现多元化

对于分工模式集中于原材料部门的国家而言，寻找能够通向更多元化和复杂化出口结构的过渡产业至关重要。一般而言，这些部门位于产品空间相对隔绝的区域，从而增加了在其他部门获得比较优势和推动产业转型的难度（Felipe，Kuma y Abdon，2010）。这也使一些研究倾向于将自然资源部门作为提升出口结构复杂程度和附加值的多元化战略的基础（Lederman，Olarreaga y Rubiano，2008；OECD，2013d）。

本专栏将介绍对拉美自然资源型国家多元化进程的产品空间结构分析。目的在于确定能够为经济体带来潜在比较优势的部门，即生产要求与该国生产能力存量接近的部门。在这种情况下，需要通过有限的政策干预在克服一些具体问题的基础上获得比较优势。这些问题一般与各行为主体之间的协调或外部性有关。

根据产品空间理论，我们在选择多元化战略目标时确定了三项原则。第一，选择拉美国家尚不具备竞争力进行出口、但接近出口篮子的部门。第二，为使该部门的引入能够推动出口结构的复杂化，我们只选择复杂化程度超过现有出口结构的部门（Prody > Expy）。第三，作为最后一个条件，我们只选择那些中国尚不具备比较优势的部门（VCR < 1）。

通过上述原则的应用，我们从自然资源工业出发，寻找到了多元化战略的一些目标部门。尽管这些部门之间存在较大的差异，但总的结论是，多元化战略的目标部门应该是相比初始的采集或采掘过程而言，包含附加生产步骤的部门。也这就是说，国家能够通过这些部门的发展掌握这些产品产业链的更多部分。

我们并无意建立唯一的标准。但此类分析能够对多元化战略提供参考，其优点如下：首先，分析确定的部门接近该国的出口结构，有助于增强多元化战略的可行性，且能够提升出口结构的复杂化程度。其次，这些部门与自然资源行业的关联度降低了高度依赖这些产品的亚洲新兴经济体的竞争。以中国为例，我们发现，通过此项分析确定的部门距离其产品空间相对较远，从而降低了其对拉美发展这些部门的威胁。

服务业也是附加值战略需要关注的部门。虽然服务贸易数据的缺乏使我们无法将其纳入前文分析，但服务业是创造价值的重要部门。产业链的附加值分布远非均匀。一般而言，与产品实际生产有关的活动在全部价值中所占比重较小（OECD，2013b），而服务业活动（研发、物流等）则是产业链中的主要价值创造部门。

服务业活动也是制成品生产的重要中间投入来源（Hoekman y Aaditaya，2008）。虽然服务业活动在最终出口统计中仍仅占据次要地位，但通过附加值数据的使用能够看出其所发挥的重要作用。OECD 国家约 50% 的出口附加值源于服务业（OECD，2013b）。对于拉美而言，服务业是一些制造业和初级产品部门附加值的重要来源（见图 2.10）。与此同时，国内服务业在创造附加值方面的重要性相对更为突出。

除了在产业链中的重要性以外，服务业活动还能够在新兴经济体的发展战略中发挥关键作用。一些将服务业作为发展基础的国家（如印度）的最新例证也显示出了这一行业能够通过促进增长、创造高质量就业和有效降低贫困在国家的发展中发挥决定性作用（Ghani，2010）。此外，在自然环境优美，劳动力丰富的国家，发展旅游服务业成为理想的选择。对人口高度分散、交通成本高昂的国家而言，发展服务业也是比制造业更好的选项（OECD，2013a）。

总体看，拉美国家发展服务业的条件十分优越。除了前文提到的一些优势以外，发展服务业的另一些优势包括地理和时区上接近目标市场（主要为美国，其次为欧洲）。这样，来自亚洲的竞争小于制造业。关于服务贸易的统计数据证实了这一趋势：中国是全球最大的服务进口国之一，特别

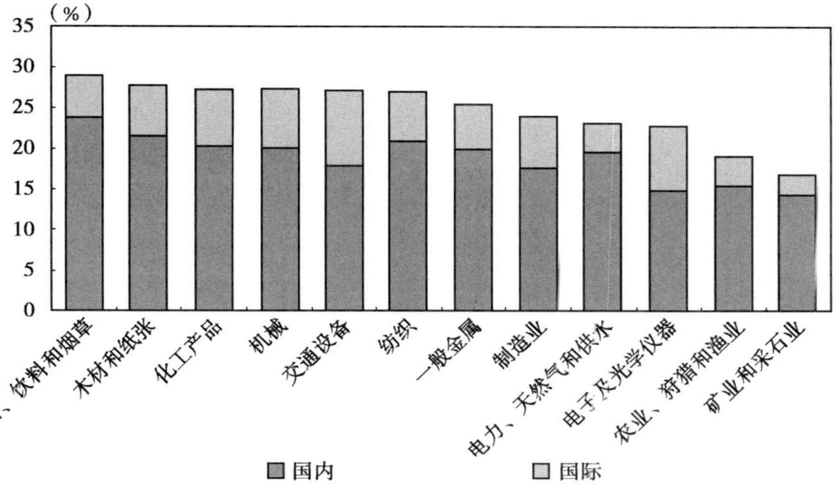

图 2.10　拉美：服务活动的附加值（2009 年）

注：横轴代表每个行业源于国内或国际服务活动创造的附加值占出口总额的百分比，为阿根廷、巴西、智利和墨西哥的平均值。

资料来源：根据 OECD/WTO（Trade in Value Added database）编制。

统计链接：http：//dx. doi. org/10. 1787/888932906749.

是在企业、交通和保险服务方面（OECD, 2013a）。相比中国，印度更有可能成为拉美的潜在竞争者。该国近年来服务出口的大幅增长值得关注。即便如此，印度似乎也不能显著的占据拉美服务出口的份额（Lederman, Olarreaga y Perry, 2009）。总之，亚洲大型新兴经济体在服务出口方面对拉美形成的竞争十分有限，在一些重要市场尤为如此。[23]

将功能改善作为获取价值的途径

考虑到大多数新兴经济体在价值链中所处的位置，它们需要通过从事新的活动来增加出口附加值。这一过程也称功能改善。产业链的价值分布呈现出深度不对称的特点，大部分价值集中在链条的上游（研发、产品设计）和下游（市场营销、物流）两端。而新兴经济体所从事的产品的实际生产活动则与之恰恰相反（OECD, 2012）。因此，新兴经济体提升附加值的目标必须通过向产业链其他部分移动加以实现。

企业改善功能的主要途径是通过知识或无形资产的积累。这部分资产一般包括信息资源（软件、数据库）、知识产权（专利、版权、设计、商标）和经济竞争力（人力或技术资本、组织技能）。在全球价值链中拥有上述资产的企业具备了向价值链提供其他企业难以复制的产品或服务的条件。这一条件也能够使该企业成为生产链中不可或缺的一环，从而增加了它获得更大比例附加值的可能性（OECD，2013b）。

实现改善在价值链中的功能是一个极具难度的目标。首先，此类生产型改善需要大量的知识型资产。由于这些资产的高度专业性，并难以从产业链以外获得，得到这些资产对于企业而言十分困难。因此，企业必须在创新方面下大力气，以从内部创造这些资产。其次，额外的困难在于产业链的领先企业不愿意将知识转移给同产业链的其他企业（Pietrobelli y Rabellotti，2006）。在功能改善可能威胁到领先企业对产业链控制的情况下，上述情形就更加突出。最后，对于自然资源行业而言，由于产业链各部分对生产条件的要求差异较大，很难具备改善功能的能力（OECD，2013b）。上述因素妨碍了从开采向相关制造业转移的过程。

获取附加值的目标提出新的政策挑战

基于获取附加值的多元化战略对公共政策提出了新的挑战。产业分割使得多元化战略应该以生产链中十分具体的活动作为目标。因此，随着产业链的分割，确定哪些具体领域或活动应该成为这一战略的目标增加了制定战略的复杂性。

第二个挑战是如何在整体能力和专门能力的积累之间保持适度平衡。正如前文所述，拉美能力水平较低是导致地区生产结构以低生产率产品为主的主要因素之一。为了改变这一趋势，需要加强生产能力的积累。实现这一目标要求采取一系列的措施，包括推动研发、培养人力资本和发展基础设施等。但是，除了采取一般性的政策措施之外，还需要积累与目标活动和产业密切相关的能力。对于获取知识型资产而言，针对生产过程的专门能力积累十分重要。正如前文分析，这也是在产业链中创造和获取更多附加值的先决条件。

最后，还需要在公共和私人部门之间开展有效配合，完善机制设计。总的来看，企业部门拥有进行有效的多元化战略设计所需的关键信息（Hausmann y Klinger，2010），特别是关于制约目标部门比较优势发展的具体障碍（协调问题、市场失灵）、企业获取知识资产所需投资类型的信息。这样，需要公共政策的原因就完全得到解释，即实现全球价值链中的生产改善存在困难，特别是功能改善尤为不易，且完全依赖市场机制和私人部门的行为几乎不可能解决这一问题（Humphrey y Schmitz，2002）。公共政策能够推动基础设施建设、促进研发活动、提供超出生产部门企业能力范围的大规模投资。因此，为推动产业链中的生产改善，需要通过公共部门和私人部门的共同参与，建立适当的干预机制（Giuliani，Pietrobelli y Rabellotti，2005）。在政策的制定和执行中，要特别需要重视发挥公共部门的协调能力，以及私人部门的配合作用。

结　　论

世界财富向新兴市场国家转移的进程给拉美国家带来不同的影响。一方面，亚洲国家对原材料的强劲需求使拉美国家的宏观经济呈现出前所未有的良好表现。拉美国家保持了持续的经济增长，并相对较好地抵御了国际金融危机不断加大的冲击，许多国家的一系列宏观经济指标得到显著改善。另一方面，财富转移进程相对较消极的影响是，抑制了拉美国家通过发展附加值更高的产业实现多元化的可能性，成为使其陷入中等收入陷阱而不能自拔的又一个因素。

财富转移进程的预期演变不会对上述情况带来大的改变。在对原材料的需求方面，存在的不确定性是，中国经济增长方式的改变可能会显著降低对此类产品的需求。但与此同时，其他一些国家（特别是印度）有条件部分弥补中国对自然资源需求的减少。关于中国在劳动密集型制造业部门的竞争力，可能发生的情况也较为相似。关于中国是否将放弃这种专业分工模式仍存疑问。即便如此，许多亚洲国家具有的混合竞争优势（劳动成本、融入全球价值链等）使其在替代中国在此类产业的位置方面处于有利地位。按照这一假设，拉美要想在更多使用生产能力的行业部门获得比较优势仍面临较大阻碍。

在上述背景下，必须通过政策设计，推动生产结构多元化，向附加值更高的产业部门发展。我们也在本章中介绍了实现这一目标的可能选项。最主要的出发点是形成能够纳入更多生产能力、创造更高附加值的生产结构。

对于公共政策而言，实现附加值目标意味着巨大的挑战。鉴于拉美国家当前在价值链中的地位，提升附加值更多意味着在生产链中从事新的活动。功能改善要求获得更多知识型资产，而这在创新和人力资本发展方面所需的投入是许多拉美企业无力承担的，而且会导致产业链领军企业的抵制。为克服这些障碍，公共政策应推动生产能力的积累，在整体能力和与产业链密切相关的专门能力之间实现平衡。这一特点也要求企业部门参与政策制定过程，与负责生产发展的公共部门形成合力。总之，在上述背景下制定出的公共政策具有高度复杂性。这不仅是因为政策目标难度大，也是由于需要协调好数量繁多的参与者的行动。

附录2. A1　拉美多元化进程中的行业演变（1990～2009年）

本附录将对拉美近20年多元化进程的演变过程进行分析。通过分析，可以显示出财富全球转移第一阶段拉美国家贸易分工模式的变化。

附图显示了拉美国家在2个参考年份中显性比较优势（VCR）的分布情况。横轴为Leamer（1984）的行业分类，即根据特定中间产品的使用强度对产品进行分类。这种方法将《国际贸易标准分类》（修订4，SITC-4）中的779个行业集中至10大类别，包括2类初级产品（石油、初级产品）、4类农产品（林业、热带农业、农业和动物产品和粮食）和4类制成品（劳动密集型、资本密集型、机械和化工产品）。纵轴则代表一个国家在每个类别中具有比较优势的行业（VCR >1）所占百分比。

按上述标准，我们发现，一大批拉美国家在较简单产品上的贸易分工集中程度保持不变或有所增加。多数南美国家属于这种情况，专业分工显著集中在包括农牧业（林业、热带农业、动物产品和粮食）和原材料在内的初级产品上。此类产品的复杂化程度不及制成品。精细化平均水平（PRODY指数）最高的为机械业（19 945美元）和化工产品（18 380美元）。林业产品、劳动密集型制成品和资本密集型制成则在12 500～14 000美元。石油、原材料以及农业和动物产品则接近10 000美元。最低的是热带农业和粮食产品，PRODY指数分别为7 967美元和8 526美元。

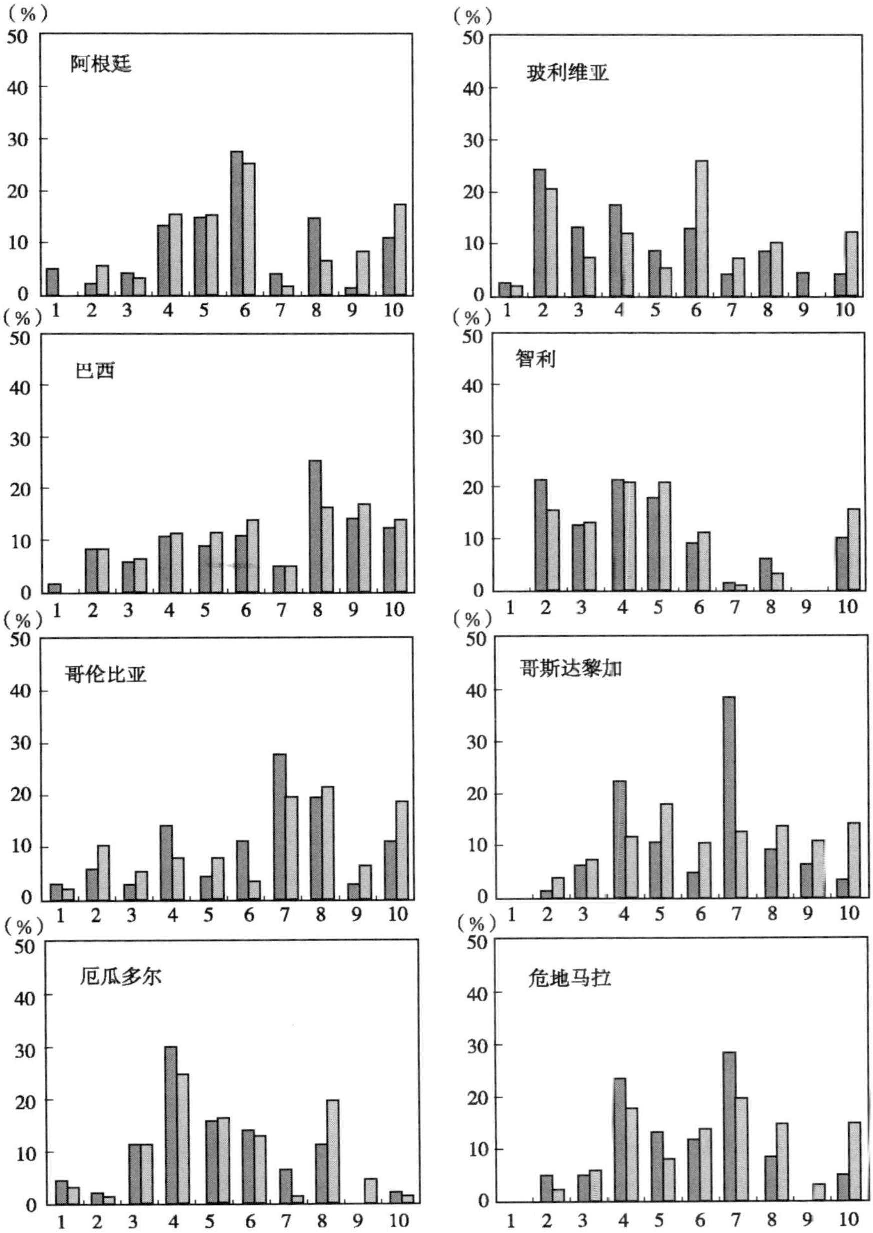

图 2. A 1　各国出口的多元化程度（1990～2009 年），根据 Leamer 分类

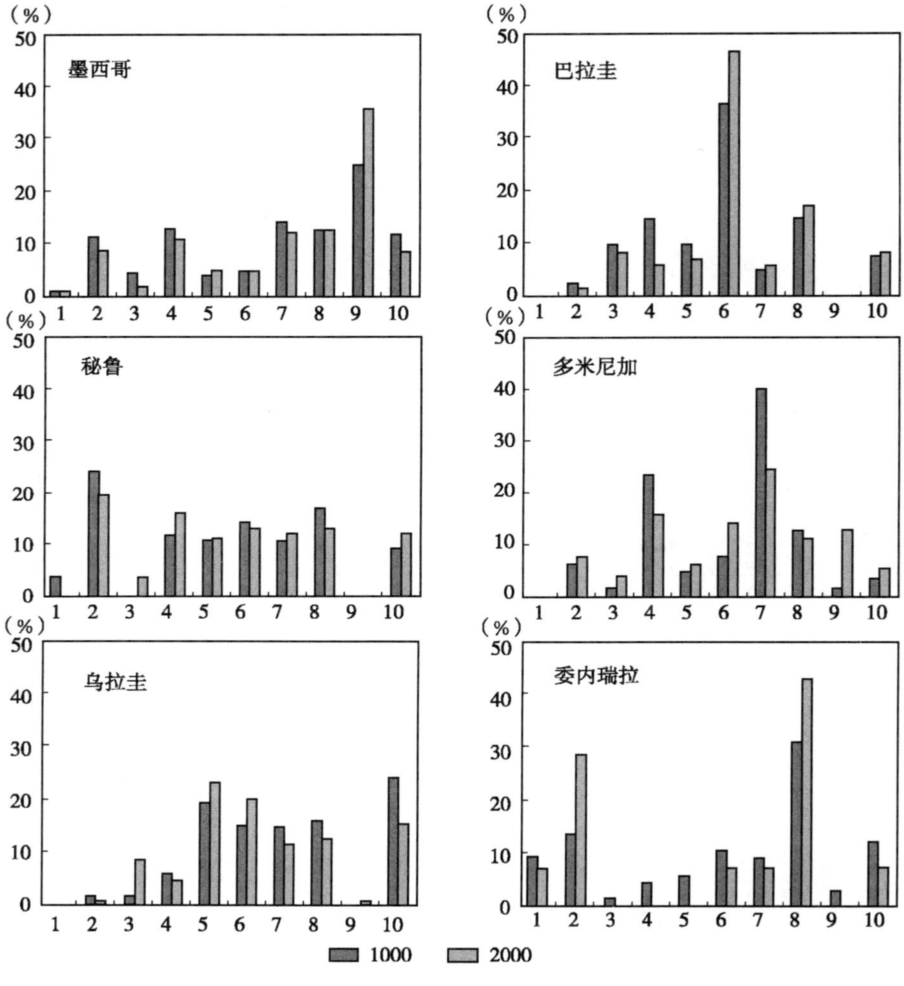

图 2. A1　各国出口的多元化程度（1990 ~ 2009 年），根据 Leamer 分类（续）

注：各图显示出拉美各国比较优势的行业间分布情况。横轴代表根据 Leamer（1984）划分的行业类别：石油（1）、初级产品（2）、林业（3）、热带农业（4）、农业和动物产品（5）、粮食（6）、劳动密集型产品（7）、资本密集型产品（8）、机械（9）和化工产品（10）。纵轴代表每一类别具有比较优势的行业占该国具有比较优势的行业总数的百分比。

资料来源：根据 COMTRADE y Feenstra, et al.（2005），“World Trade Flows：1962 ~ 2000”，NBER Working Paper N° 11040 编制。

统计链接：http：//dx. doi. org/10. 1787/888932906768.

附录 2. A2　变量定义

本附录将详细介绍与本章产品空间分析有关的各变量、显性比较优势（VCR）和能力指数的构建情况。其中的一些变量是有关国际贸易文献的最新研究成果，其主要优点在于能够对各贸易部门间的相似度、一个国家某一时刻的出口部门高度化程度或生产能力积累情况进行归类分析。

显性比较优势（VCR）：由 Balassa（1977 年）创立的指标，它是指一个国家某种产品 i 的出口额占该国出口总额的比重与世界该类产品出口额占世界出口总额比重的比率。如果某种产品在一国出口中的比重大于其在世界出口总额中的比重，即 VCR > 1，则表示该国在此类产品的出口上具有竞争力。

$$VCR_{ci} = \frac{\dfrac{x_{ci}}{\sum_i x_{ci}}}{\dfrac{\sum_c x_{ci}}{\sum_c \sum_i x_{ci}}}$$

接近度：相对于另一种产品的出口，一个国家在 VCR > 1 的条件下出口某种产品的最低概率（Hidalgo et al.，2007）。如果在 i 产品上具有比较优势的国家也能够在 j 产品上获得比较优势，则认为 i 产品接近 j 产品。表达式如下：

$$\emptyset_{ij} = min\{P(VCR_i > 1 \mid VCR_j > 1), P(VCR_i > 1 \mid VCR_i > 1)\}$$

Prody 指数：衡量一个行业高度化的指标，为以显性比较优势（VCR > 1）出口某种产品（i）的一个国家（c）的加权平均 GDP，权数为 VCR。因此，Prody 指数也代表着与此种产品有关的人均收入水平（Hausmann et al.，2007）。Prody 值越高则代表该产品是由人均收入水平较高的国家出口的。这样，Prody 指标便成为衡量某种产品复杂程度的指标。为了降低有关数据序列的剧烈波动，我们在分析中所使用的 Prody 指标为该变量 2000 ~ 2005 年的年平均值。

$$Prody_i = \sum_C [VCR_{ci} GDP_C]$$

Expy：衡量一个国家出口篮子复杂化程度的指标。即一个国家 VCR >1 的出口产品的 Prody 指数的加权平均数，权数为每种产品出口在一国总出口中的比率。

$$Expy_c = \sum_i \left[\frac{x_{ci}}{X_c}\right] Prody_i$$

x_{ci} = c 国产品 i 的出口额

X_c = c 国的总出口额

潜在 Expy：衡量一个国家出口篮子相关性的指标。即一个国家所有未出口产品的 Prody 指数的加权平均数，权数为该产品与 VCR >1 的出口产品之间的最小距离（Jankowska，Nagengast y Perea，2012）。

密度：这一变量衡量一国（c）出口结构与具备成为出口潜力的产品（j）之间的平均距离。该变量取值在 0 ~1，取值越大说明该行业与一国的出口结构越接近，与既有出口产品的生产要求也越一致（Hidalgo et al.，2007）。

$$w_{cj} = \frac{\sum_i d_i Ø_{ij}}{\sum_i Ø_{ij}}$$

d_i =1，如果 c 国以 VCR >1 出口产品 i

$Ø_{ij}$ = 产品 i 和 j 之间的近似矩阵

两方面情况的出现限制了产品空间理论的解释力。首先，对于经济贸易开放度不高的经济体而言，使用出口部门作为生产结构的参考可能并不合适。其次，在涉及经济体第三产化程度时也会遇到相似的问题。由于贸易统计数据中对服务业的统计不足，产业空间并不包括有关服务业的数据。而服务业也是大部分国家的经济活动主体。[24] 因此，我们会发现在生产结构与出口结构之间存在显著差异，产业空间仅能够片面地反映出一个国家的经济状况。

生产能力指标：由 Hidalgo 和 Hausmann（2009 年）通过“反射法”创立的指标。该方法使用了有关出口多元化和出口产品普遍化程度的数据。多元化程度被定义为一个国家 VCR >1 的出口产品的数量（i）。出口产品普遍化程度则计算出口 VCR >1 的该产品的国家数量（c）。

$$K_{c,0} = \sum_{i} | VCR |_{ci}$$

$$K_{c,0} = \sum_{c} | VCR |_{ci}$$

此外，通过国家和产品的 N 高阶矩实现上述两个概念在迭代过程中的结合，表达式如下。这一迭代过程能够获取关于产品复杂化程度和国家能力指数的额外信息。

$$K_{c,N} = \frac{1}{K_{c,0}} \sum_{i} | VCR |_{ci} K_{i,N-1}$$

$$K_{i,N} = \frac{1}{K_{i,0}} \sum_{c} | VCR |_{ci} K_{i,N-1}$$

最后，需要对能力指数的值进行标准化。由于该指标的取值对于产品空间的相关度敏感、会随时间变化，故建议进行标准化处理。这样，一个国家某一年能力指标为负值（正值）则代表其生产能力低于（高于）世界平均水平。

使用能力指标能够避免生产空间出口高度化指标的主要局限性。具体而言，这一新的变量在衡量一个部门的复杂化程度时并不使用人均 GDP 指标。仅仅使用有关多元化和普遍化程度的数据能够找出哪些产品是由少数国家所生产的，而这也意味着这些产品的生产要求更为复杂。从实证的角度看，Hidalgo 和 Hausmann（2009 年）确定了能力变量与经济增长之间的正向关联。这一结果也由 Ourens（2012 年）通过使用替代性数据进行的若干次强化测试所证实。

能力指标也具有一些局限性。最主要的一个局限性在于，指标的构建并不包含对一个国家现有技能的直接评估，包括教育体系质量、劳动力熟练程度、研发活动的开展和质量，以及申请专利情况等。由于在指标构建过程中并未纳入上述内容，这一指标仅是对生产能力概念的间接评估。

【注　释】

[1] 衡量绝对贫困的传统指标是日收入低于 1.25 美元（按购买力平价计算）的人口占总人口的比重。

[2] 预计全球中等收入阶层的人数将从目前的 20 亿上升至 2025 年的近 40 亿（Kharas y Rogerson, 2012）。

[3] 指收入为一国中等收入50%以下的人口所占比重。

[4] 拉美的情况在某种程度上与此不同。拉美贫困人口的显著减少也伴随着贫困和不平等指标的改善。然而，得益于这一改善跻身中等收入阶层的群体仍带有显著的脆弱性。

[5] 对中国经济增长的分解分析显示，在1996~2001年期间，资本存量对经济年增长的贡献为5.3个百分点，2001~2006年为6.5个百分点，2006~2011年则达到6.9个百分点（OECD, 2013c）。

[6] 2003~2008年期间，要素在各部门间的再分配对中国经济增长的贡献为2.7个百分点，达到自1998年以来的峰值（OECD, 2010c）。

[7] 通过近10年中的高速增长，中国对全球经济增长的贡献率保持在30%左右，超过G7国家贡献率的2倍，约相当于其他金砖成员国的2.4倍（BBVA, 2011）。

[8] 有预测显示，中国有望在这个十年末取代美国，成为世界第一大经济体（Buiter y Rahbari, 2011）。如果将预测期放长，到2060年，中国和印度的经济规模加起来将超过OECD成员国之和（Johansson et al. 2012）。

[9] 根据购买力平价计算。如果使用名义GDP，结果无显著差别。

[10] 为衡量产业高端化程度，采用了prody指标（Hausmann, Hwang y Rodrik, 2007）。该指标的构建过程见本章附录2. A2。

[11] 一国的出口增长可以通过出口更多数量的既有出口产品的方式（贸易深度），或向新的伙伴国出口产品、或出口新产品的途径（贸易广度）得以实现。

[12] 技术细节参见附录2. A2。

[13] 与有关要素直接比较的结果基本一致。这些要素一般被认为是衡量能力水平的指标。例如，在人力资本质量方面，拉美与发达经济体和中国相比差距较大（OECD, 2010d）。对基础设施和物流表现指标分析的结果也是如此，参见本报告第四章。

[14] 据联合国预计（2011），印度的城市人口所占比重将由2010年的30.9%提升至2050年的51.7%，中国则将从49.2%增加至77.3%。这与拉美的情况显著不同。拉美的城市化发展更为发达，但进一步提升的空间有限。目前，墨西哥、阿根廷和巴西城市人口比重分别为78%，92%和84%。

[15] 该指数的构建见附录2. A2。

[16] 印度同样向拉美的出口市场出口产品。

[17] 有关文献评述，参见Frankel（2012）。

[18] 进出口之和除以GDP。

[19] 根据世界银行《世界发展指数》。

[20] 在通过各次地区贸易协定进行比较时，差距仍然存在。例如，2007 年，南方共同市场国家之间的贸易仅占总贸易量的 14.8%。欧盟、东盟和北美自由贸易协定成员国的这一比重则分别为 66.4%、49.7% 和 35.3%（Curran y Zignago，2013）。

[21] 根据世界银行数据，按购买力平价计算。

[22] 根据印度的近期经验，Ghani（2010）发现，相比农业或工业，服务业创造新增就业最多，实际工资增幅最大。

[23] Lederman，Olarreaga y Perry（2009）指出，拉美对美国的服务出口目前比中国和印度对美出口总和高出 7 倍。

[24] OECD 国家服务业的平均比重为 GDP 的 74.8%。中高收入国家的比重降至 55.7%，而中低收入国家则为 51.6%（ONUDI，2012）。

【参考文献】

[1] ADB，BID y ADB Institute（2012），Shaping the Future of the Asia and the Pacific - Latin America and the Caribbean Relationship，Asian Development Bank，Banco Interamericano de Desarrollo，Manila y Washington.

[2] Altenburg，T.，H. Schmitz y A. Stamm（2008），"Breakthrough? China's and India's transition from production to innovation"，World Development Vol. 36，No. 2，Elsevier，pp. 325 ~ 344.

[3] Balassa，B.（1977），"'Revealed comparative advantage revisited：An analysis of relative export shares of the industrial countries，1953 ~ 1971"，The Manchester School，Vol. 45（4），pp. 327 ~ 344，http：//dx. doi. org/10. 1111/j. 1467 ~ 9957. 1977. tb00701. x.

[4] Banco Mundial（2013），World Development Indicators，Banco Mundial，Washington，DC.

[5] Baumann，R.（2008），"Integration in Latin America - trends and challenges"，Comisión Económica para América Latina y el Caribe，Naciones Unidas，Santiago de Chile.

[6] BBVA（2013），"Emerging middle class in 'fast-track' mode"，Economic Watch，Banco Bilbao Vizcaya Argentaria，Madrid，enero.

[7] BBVA（2011），"Who are the EAGLEs? Driving Global Growth for the Next Ten Years"，Banco Bilbao Vizcaya Argentaria，Hong Kong，China.

[8] Buiter, W. y E. Rahbari (2011), "Global growth generators: Moving beyond emerging markets and BRICs", CEPR Policy Insight No. 55, Centre for Economic Policy Research, Londres.

[9] Cai, F. y M. Wang (2008), "A counterfactual analysis on unlimited surplus labour in rural China", China & World Economy, Vol. 16, No. 1, pp. 51 ~ 65.

[10] Calderón, C. (2007), "Trade, specialization and cycle synchronization: Explaining output comovement between Latin America, China and India", Banco Mundial, Washington, DC.

[11] CEI (2003), "Oportunidades y amenazas de un acuerdo Mercosur-Comunidad Andina para Argentina y Brasil", Estudios del CEI No. 5, Centro de Economía Internacional, Ministerio de Relaciones Exteriores, Buenos Aires, septiembre.

[12] CELADE (2008), América Latina observatorio demográfico, No. 5, Centro Latinoamericano y Caribeño de Demografía, División de Población de la CEPAL, Naciones Unidas, Santiago de Chile.

[13] CEPAL (2012a), La República Popular China y América Latina y el Caribe: Diálogo y cooperación ante los nuevos desafíos de la economía global, Comisión Ecónomica para América Latina y el Caribe, Naciones Unidas, Santiago de Chile.

[14] CEPAL (2012b), Panorama de la inserción internacional de América Latina y el Caribe, Comisión Ecónomica para América Latina y el Caribe, Naciones Unidas, Santiago de Chile.

[15] CEPAL (2007), Cambio Estructural y Progreso Técnico en América Latina, Comisión Ecónomica para América Latina y el Caribe, Naciones Unidas, Santiago de Chile.

[16] Cesa-Bianchi A. et al. (2011), "China' s emergence in the world economy and business cycles in Latin America," IZA Discussion Papers No. 5889, Institute for the Study of Labor (IZA), Bonn.

[17] Chamon, M. y M. Kremer (2009), "Economic transformation, population

growth and the long-run world income distribution", Journal of International Economics, Vol. 79/1, pp. 20 ~ 30, Elsevier, Amsterdam, septiembre.

[18] Ciarli, T. et al. (2010), "The effect of consumption and production structure on growth and distribution: A micro to macro model", Metroeconomica, Vol. 61 (1), pp. 180 ~ 218, 02.

[19] Citigroup (2012), "China & emerging markets: China is about to rebalance. How will EM be affected?", Citi,

[20] GPS Global Perspectives & Solutions, julio.

[21] Curran, L. y S. Zignago (2013), "Regional integration of trade in South America: How far has it progressed and in which sectors?", The International Trade Journal, 27/1, pp. 3 ~ 35, Taylor & Francis Group, Routledge.

[22] Daude, C. y E. Fernández-Arias (2010), "On the role of productivity and factor accumulation in economic development in Latin America and the Caribbean", IDB Working Paper Series No. 35, Banco Interamericano de Desarrollo, Washington, DC.

[23] De Ferranti, D. et al. (2002), From Natural Resources to the Knowledge Economy: Trade and Job Quality, Banco Mundial, Washington, DC.

[24] De la Torre, A., T. Didier y S. Pienknagura (2012): "Crecimiento de largo plazo de América Latina: ¿Hecho en China?", en Foxley (ed.), Desafío Post Crisis de América Latina: Vínculos con Asia y Rol de los Recursos Naturales, pp. 29 ~ 69, Corporación de Estudios para Latinoamérica, Santiago de Chile.

[25] Eichengreen, B., D. Park y K. Shin (2011), "When fast growing economies slow down: International evidence and implications for China", NBER Working Paper No. 16919, National Bureau of Economic Research, Cambridge, MA, marzo.

[26] ESCAP (2013), Economic and Social Survey of Asia and the Pacific: Forward Looking Macroeconomic Policies for Inclusive and Sustainable Development, Economic and Social Commission for Asia and the Pacific, Bangkok.

[27] Fally, T. (2011), "On the fragmentation of production in the US", University of Colorado-Boulder, Boulder, CO.

[28] Farfan, O. H. (2005), "Understanding and escaping commodity-dependency: A global value chain perspective", Investment Climate Unit, International Finance Corporation, Washington, DC.

[29] Feenstra, R. et al. (2005), "World trade flows: 1962 – 2000", NBER Working Paper No. 11040, National Bureau of Economic Research, Cambridge, MA, enero.

[30] Felipe, J., U. Kuma y A. Abdon (2010), "How rich countries became rich and why poor countries remain poor: It's the economic structure... duh!", Working Paper No. 644, Levy Economics Institute, Bard College, Annandale-on-Hudson, NY.

[31] FMI (2013a), Perspectivas de la Economía Mundial: Esperanzas, Realidades, Riesgos, Estudios Económicos y Financieros, Fondo Monetario Internacional, Washington, DC, abril.

[32] FMI (2013b), International Financial Statistics, Fondo Monetario Internacional, Washington, DC.

[33] Foxley, A. (ed.) (2012), "Desafío post crisis de América Latina: Vínculos con Asia y rol de los recursos naturales", Corporación de Estudios para Latinoamérica, Santiago de Chile.

[34] Frankel, J. A. (2012), "The natural resource curse: A survey of diagnoses and some prescriptions", HKS.

[35] Faculty Research Working Paper Series, RWP12-014, John F. Kennedy School of Government, Harvard University, Cambridge, MA.

[36] Garroway, C. et al. (2012), "The Renminbi and poor country growth", The World Economy, Vol. 35 (3), pp. 273 ~ 294, Wiley Blackwell.

[37] Ghani, E. (ed.) (2010), The Service Revolution in South Asia, Oxford University Press, India.

[38] Giuliani, E., C. Pietrobelli y R. Rabellotti (2005), "Upgrading in global value chains: Lessons from Latin American clusters", World Development,

Vol. 33, entrega 4, pp. 549 ~ 573.

[39] Globerman, S. (2011), "Global value chains: Economic and policy issues", en Sydor, A. (ed.), Global Value Chains: Impacts and Implications, Trade Policy Research 2011, Foreign Affairs, Trade and Development, Canada.

[40] Hausmann, R. y B. Klinger (2010), "Structural transformation in Ecuador", Policy Brief No. 1112, Banco Interamericano de Desarrollo, Washington, DC.

[41] Hausmann, R., J. Hwang y D. Rodrik (2007), "What you export matters", Journal of Economic Growth, 12 (1), pp. 1 ~ 25, Springer.

[42] Hidalgo, C. A. y R. Hausmann (2009), "The building blocks of economic complexity", Proceedings of the National Academy of Sciences, 106 (26), pp. 10570 ~ 10575.

[43] Hidalgo, C. A. et al. (2007), "The product space conditions the development of nations", Science, 317 (5837), pp. 482 ~ 487.

[44] Hoekman, B. y M. Aaditya (2008), "Services trade and growth", Policy Research Working Paper Series No. 4461, Banco Mundial, Washington, DC.

[45] Humphrey, J. y H. Schmitz (2002), "How does insertion in global value chains affect upgrading in industrial clusters?", Regional Studies, Vol. 36/9, pp. 1017 ~ 1027, Taylor Francis online.

[46] Imbs, J. y R. Waczyarg (2003), "Stages of Diversification", American Economic Review, Vol. 93 (1), pp. 63 ~ 86, American Economic Association, marzo.

[47] Jankowska, A., A. Nagengast y J. Perea (2012), "The product space and the middle-income trap: Comparing Asian and Latin American experiences", OECD Development Centre Working Papers, No. 311, OECD Publishing, París. doi: 10. 1787/5k9909j2587g-en.

[48] Johansson, et al. (2012), "Looking to 2060: Long-term global growth prospects: A going for growth report", OECD Economic Policy Papers,

No. 3, OECD Publishing, París. doi: 10. 1787/5k8zxpjsggf0-en.

[49] Kharas, H. y H. Kohli (2011), "What Is the middle income trap, why do countries fall into it, and how can it be avoided?", Global Journal of Emerging Market Economies 3 (3), pp. 281 ~289.

[50] Kharas, H. y A. Rogerson (2012), "Horizon 2025: Creative destruction in the aid industry", Overseas Development Institute, Londres, julio.

[51] Leamer, E. (1984), "Sources of international comparative advantage: Theory and evidence", MIT Press, Cambridge, MA.

[52] Lederman, D., M. Olarreaga y G. Perry (eds.) (2009), China' s and India' s Challenge to Latin America: Opportunity or Threat?, Banco Mundial, Washington, DC.

[53] Lederman, D., M. Olarreaga y E. Rubiano (2008), "Trade specialization in Latin America: The impact of China and India", Review of World Economics, Springer, Vol. 144 (2), pp. 248 ~271, julio.

[54] Lu, M., C. Milner y Z. Yu (2009), "Regional heterogeneity and China' s international trade: Sufficient lumpiness or not?", articulo presentado en la conferencia: "Globalisation, Development and Growth", en la Universidad de Nottingham. www. nottingham. ac. uk/gep/documents/papers/2009/09-09. pdf.

[55] Malamud, A. y G. L. Gardini (2012), "Has regionalism peaked? The Latin American quagmire and its lessons", The International Spectator: Italian Journal of International Affairs, Vol. 47: 1, pp. 116 ~133.

[56] McMillan, M. S. y D. Rodrik (2011), "Globalization, structural change and productivity growth", NBER Working Paper Series, No. 17143, National Bureau of Economic Research, Cambridge, MA, junio.

[57] Mesquita-Moreira, M. (2006), "Fear of China: Is there a future for manufacturing in Latin America?", IDB Publications No. 45778, Banco Interamericano de Desarrollo, Washington, DC.

[58] Naciones Unidas (2013), United Nations Commodity Trade Statistics Database (Comtrade).

[59] Naciones Unidas (2012), Revision of World Population Prospects.

[60] Naciones Unidas (2011), 2011 Revision of World Urbanization Prospects.

[61] OCDE (2013a), Perspectives on Global Development 2013: Industrial Policies in a Changing World, OECD Publishing, París. doi: 10. 1787/persp_glob_ dev-2013-en.

[62] OCDE (2013b), Interconnected Economies: Benefiting from Global Value Chains, OECD Publishing, París. doi: 10. 1787/9789264189560-en.

[63] OCDE (2013c), OECD Economic Surveys: China 2013, OECD Publishing, París. doi: 10. 1787/eco_ surveys-chn-2013-en.

[64] OCDE (2013d), African Economic Outlook 2013: Structural Transformation and Natural Resources, OECD Publishing, París. doi: 10. 1787/aeo-2013-en.

[65] OCDE (2012), "Mapping global value chains", documento de trabajo, OCDE, París.

[66] OCDE (2010a), Perspectives on Global Development 2010: Shifting Wealth, OECD Publishing, París. doi: 10. 1787/9789264084728-en.

[67] OCDE (2010b), Perspectivas Económicas de América Latina 2011: En qué medida es clase media América Latina, OECD Publishing, París. doi: 10. 1787/leo-2011-es.

[68] OCDE (2010c), OECD Economic Surveys: China 2010, OECD Publishing, París. doi: 10. 1787/eco_ surveys-chn-2010-en.

[69] OCDE (2010d), PISA 2009 Results: What Students Know and Can Do: Student Performance in Reading, Mathematics and Science (Volume I), PISA, OECD Publishing, París. doi: 10. 1787/9789264091450-en.

[70] OCDE (2009), Perspectivas Económicas de América Latina 2010, OECD Publishing, París. doi: 10. 1787/9789264076419-es.

[71] OCDE/OMC (2013), Statistics on Trade in Value Added (database). doi: 10. 1787/data-00648-en.

[72] OMC (2011), World and Regional Merchandise Export Profiles, Organización Mundial del Comercio, Ginebra.

[73] ONUDI (2012), "Structural change, poverty reduction and industrial policy in the BRICS", Organización de las Naciones Unidas para el Desarrollo Industrial, Viena.

[74] Ourens, G. (2012), "Can the method of reflections help predict future growth?", Documento de Trabajo 17/12, Departamento de Economía, Facultad de Ciencias Sociales, Universidad de la República, Uruguay.

[75] Paus, E. (2009), "The rise of China: Implications for Latin American development", Development Policy Review, 27 (4), pp. 419 ~456.

[76] Pietrobelli, C. y R. Rabellotti (ed.) (2006), Upgrading to Compete: Global Value Chains, Clusters and SMEs in Latin America, Banco Interamericano de Desarrollo, Washington, DC.

[77] Solimano, A. y R. Soto (2005), "Economic growth in Latin America in the late 20th century: Evidence and interpretation", Serie macroeconomía del desarrollo, Comisión Ecónomica para América Latina, y el Caribe, Naciones Unidas, Santiago de Chile.

[78] Sturgeon, T. J. y G. Gereffi (2008), "The challenge of global value chains: Why integrative trade requires new thinking and new data", Industry Canada.

[79] Zhang, X., J. Yang y S. Wang (2010), "China has reached the Lewis turning point", IFPRI Discussion Paper, No. 000977, International Food Policy Research Institute.

第三章　拉丁美洲的生产率、结构变化与生产多元化

发展涉及经济、社会和政治的变革。在这一进程中，生产率和结构变化与经济社会的其他方面密切相关。技术与人均收入的趋同性要求生产结构向更加多元化、复杂化、技术与知识含量更高的方向发展，从而使其能够在提高生产率和降低结构差异性方面取得进步。内生能力的构建与经济社会差距的缩短是相辅相成的过程，这需要适当的公共政策行为。正因如此，需要产业、技术和能力建设方面的政策来实现这些目标。因此，在拉丁美洲国家或地区，生产多元化政策与产业和创新政策应当在新的发展战略中处于核心地位，必须将以知识和创新密集型生产结构为导向的长期政策作为发展议程中的重点，其中维持社会与环境的可持续性是政策的首要目标。

导　言

本章涉及发展进程中的一个基本方面，即生产率与生产结构的变化。首先，本章将讨论与生产率和生产结构变化相关的一些概念。其次，用实证方法阐释多元化、技术与增长之间的关系。同时利用一系列指标来评估拉美地区的结构变化特点，以及从比较视角出发分析生产结构的变化过程。鉴于近年来信息和通讯技术获得的重要性，因此本章还将对拉美地区在数字技术传播与应用方面的进展，及其对国家竞争力的影响进行概述。此外，本章将简要说明就业和生产率之间的关系，以及生产结构成为产出与生产率长期保持增长潜力的决定性因素的原因。本章的最后一部分将通过对不同类型国家的比较分析来解读主要的政策含义。

生产率与结构变化：相关概念

发展意味着在经济、社会和政策方面量和质的变化。这是一个多层面的过程，使民主和公民性在一个能够较好地融入国际体系、充满活力的经济中得以巩固。

国家必须向更加多元化、更加富有技术与知识含量的生产结构转型，这有助于生产率的提高

在发展过程中，生产率和生产结构变化与经济社会的其他方面紧密相联。如果想要赶上发达国家的技术水平和人均收入水平，生产结构必须向多元化、复杂化和高技术及高知识含量转型，从而提高生产率，减少结构性差异。历史经验证明，所有成功的赶超案例（包括最近作为新的贸易和世界大国崛起的中国）都与新型产业或新的经济活动的出现和推动分不开。技术传播和生产率提高并非源于同类资本的积累，或源于同类产品数量的增加，而是与新产品和新工艺的出现相关，并且是生产流程重新确定的结果。

此外，结构性变化不仅需要缩短与发达国家在生产率和收入方面的差距（外部差距），而且也需要减小经济体内部的收入差距（内部差距），尤其是对于全球收入分配最不公平的地区而言。收入分配的改善可以通过社会政策和再分配政策实现，但是如果不创造高质量的就业，那么这些政策将不能长期持续。尽管拉美地区实行了各种有利于大幅减贫的有条件转移支付计划，但是这些计划在很大程度上依赖于那些来自与自然资源开采有关的经济活动的收入，因此其可持续性相当有限。发展问题的核心部分在于，将处于低生产率且高度不正规的落后产业中的劳动力，转移到高生产率、复杂的且具有知识外溢效应的生产部门。创造高质量的就业要求生产基础的转变，应该将其扩展至能够容纳更高技术和知识密集型的经济活动和技术路径。这一要素不仅对缩短一些行业部门或研发中心的差距至关重要，而且对于缩小外部差距和内部差距也是关键。

面向发展的生产结构变化应当满足两个条件（技术路径的活力和需求的动力），这两个条件确定了一个动态高效的生产结构，从而保证技术溢出和有效需求扩张不仅有利于一些大型企业，而且也能够通过产业链的上下游的关联惠及整个经济体。在结构变化过程中，新的利益相关者出现，越来越多的劳动力从低生产率部门转移到那些处于开拓部门与落后部门之间的新领域（CEPAL，2007，2012；McMillan 和 Rodrik，2011）。这就形成了中等和高生产率活动间的更加同质性的分布，从而出现有利于公平的结果。因此，生产率和就业同步实现。

另外，也还需要注意在其他一些情况中两种效率之间所存在的紧张关系。在一国较少出现收入累退的部门表现良好，就会导致其资源流向同样的部门（静态效率高），从而会损害到那些在短期内生产率较低、但在长期内生产率提高的部门。因此，应当把政策重心放在将静态效率向动态效率的转变上，从而避免在知识密集程度较低的产业中产生“锁定效应”。

在拉丁美洲与加勒比地区，竞争力的挑战比以往任何时候更为紧迫。该地区的很多国家已经享受了多年的经济繁荣。然而，这些国家仍在新技术方面暴露出很大的局限性与落后性。由于缺乏充分发掘潜力所必要的努力，技术革命似乎一直远离该地区，这一点反映在该地区的生产率水平上（见专栏 3.1）。

近几十年来，拉美地区与美国的生产率差距加剧，而亚洲经济体却缩短了这一差距

专栏 3.1　生产率差距（拉美和亚洲比较）

生产率差距可以被看做衡量国家生产能力和技术能力，以及区分发展中地区与发达地区之间差距的指标。该指标定义为美国生产率（被用做衡量国家生产率是否接近或超越技术边界的参考变量或基准变量）和发展中经济体生产率之间的比率。这就是运用美国生产率作为参考变量，计算出在技术边际内应该消除的差距或现有差距状况的一种方法。

因此，如果将亚洲经济体生产率与拉美和加勒比地区的生产率进行比较，就可以看出在 1980～2011 年两个地区截然不同的发展轨迹。总体上看，亚洲国家及地区极大地缩短了生产率差距。举例来说，在 20 世纪 80 年代，中国香港的生产率是美国生产率的 50%～70%，而 2011 年，这一数据提高至 98%。以韩国为例，该国生产率由 20 世纪 80 年代占美国生产率的 20%～25% 上升至 2011 年的 44%。此外，像中国和印度这样的国家，最初与美国的生产率差距存在比刚刚提及的经济体更为明显的不足，但在 1980～2011 年两国同样大幅降低了这一差距。1980 年，美国的生产率比中国高出 125 倍，但 2011 年仅为 17 倍。这样的进步趋势同样发生在印度，1980 年美国的生产率是该国的 70 倍，但 2011 年下降至 33 倍。尽管亚洲各国及地区的发展沿革与起点并不相同，但是它们大部分国家在 1980～2011 年，都明显地缩短了与美国的生产率差距（见图 3.1）。

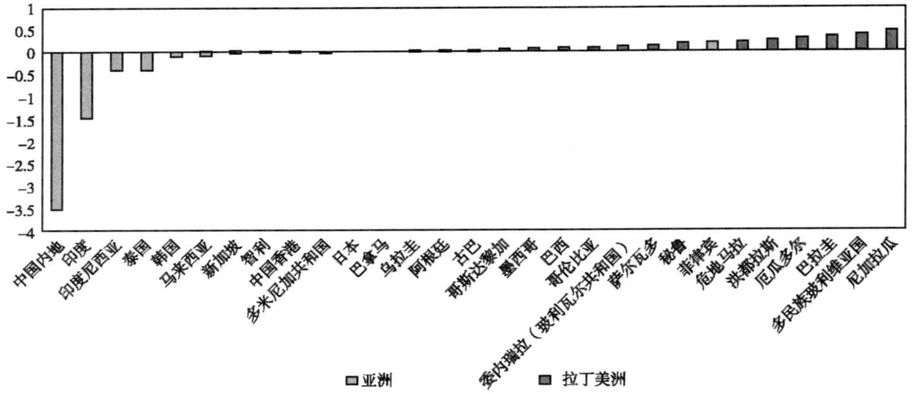

图 3.1　1980～2011 年间亚洲和拉美选定国家及地区与美国的生产率差距变化
（年度劳动力平均 GDP 增长率，%）

资料来源：作者根据世界银行《世界发展指数》（Banco Mundial，“World Development Indicators”）和拉美经委会数据库（CEPALSTAT）绘制。

统计链接：http：//dx. doi. org/10. 1787/888932903215.

亚洲的这一趋势与拉美和加勒比地区的状况形成强烈反差。总体来看，拉美和加勒比地区不但没有大幅降低生产率差距，一些国家甚至还有所扩大。例如，1980～2011 年，与多民族玻利维亚国、尼加拉瓜、巴拉圭、洪都拉斯这样的国家相比，美国的生产率幅度提高了约 60%～100%。同样值得注意的是，一些国家（如阿根廷和乌拉圭）尽管近些年来经济表现充满活力，但是并没能恢复到20世纪80年代初的相对生产率水平（与美国相比）。另外，拉美地区内部的差异也日益加剧，各国生产率差距明显扩大。

结构变化与创新活动和提高技术含量的产业多元化能力息息相关

拉丁美洲需要努力掌握信息和通讯技术，并从这些技术出发，构建内生的适用性、应用性与创新的能力。新技术范式将孕育生产和创新的路径，其中集聚了最好的技术机遇；与此同时，相关部门生产的产品和劳务对外需和内需的参与程度将继续提高。例如，那些支持创新创业活动的计划清晰地反映出拉美地区将结构变化与创新活动及促进高技术含量经济活动多元化相结合的趋势（见专栏3.2）。

专栏3.2　拉丁美洲立足于推动创业

在拉美国家创新热情高涨的背景下，无论是由私人部门发起的，还是出于公共政策的计划引导，在该地区一些国家中创业的兴起表现得日益显著。创业活动有助于经济结构的变化，有助于知识密集型新产品和劳务的引进，也有助于经济体系中生产率和创新能力的提升。尽管对创业并不存在统一的定义，但是创业活动都具有富有活力、勇于创新的特点。总体来说，这些活动源于特定的部门，如信息和通讯技术部门、卫生医药部门、新能源部门和环保技术部门。为了使创业能够发挥并提升它的潜力，除了拥有资金和适宜的法律框架外，还有必要建立一个强有力的创新体系、营造良好的创业基地，并设立一个能够使知识和技术合理流动的研发系统。

我们可以通过创业包含的三类主要工具对其支持体系形成全面的认识：融资、创业技能发展和监管框架。通过这样的分类，可以对各国现行的公共政策进行评估，并对拉美地区的六个国家进行比较分析（见图3.2）（OECD，2013）。

尽管各国的经验不尽相同，但如果将这些经验作为整体进行分析，可以总结出一系列关于公共政策在促进创业中发挥作用的经验教训。有两点值得注意：将创业支持政策纳入生产变革与创新战略中的必要性；制订更加综合的政策工具，使其同时提供顾问咨询和能力培养服务方面的融资方案。

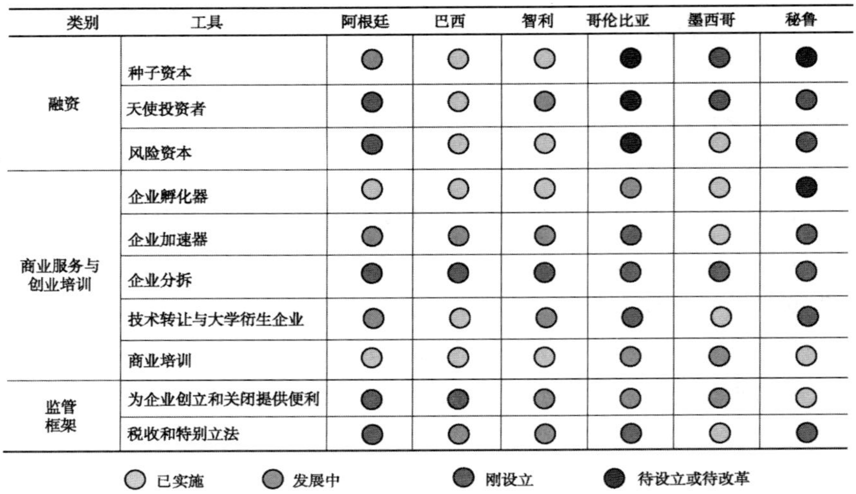

图 3.2 拉美地区针对创业促进的政策工具：各国比较

资料来源：OCDE（2013），Startup América Latina：Promoviendo la innovación en la región，OECD Publishing，París.

新技术范式，诸如通讯技术、生物技术、纳米技术的一个核心特点在于这些技术对整个生产结构产生广泛影响（CEPAL，2013）。这些都是通用的技术，因此当将其应用到广泛的行业部门时，这些技术的作用会加倍。新技术范式影响整个生产结构的竞争力、创新力和生产率。尽管如此，吸收并发展这些技术可能获得的益处严重依赖于经济本身的特征。更加多元化的生产结构为这些技术的应用提供了更多的机会，同时也从这些技术的传播过程中获得了益处，从而有助于推动经济结构自身的发展。因此，新范式与旧范式之间的关系被认为具有很强的互补性；生产结构和新技术的协同进化现象应成为分析的核心，对拉美地区的产业政策也应有所启示。

生产结构、产业活力和专业化：比较分析

实证研究证明了结构变化的重要性，因为它是推动并支持发展与国际生产率和收入趋同的关键变量（见专栏 3.3）。接下来我们会阐明生产结构、专业化和相对生产率之间的关系。

出口复杂度以及生产结构复杂性是持续增长的关键因素

专栏 3.3　关于多元化、技术和生产率的简要文献综述

尽管关于结构变化、技术和生产率之间关系的文献远多于这里的论述，但它也确实是一个值得进行简要讨论的话题。实证分析的最初目标在于承认不同部门生产功能的显著差异。Durlauf 和 Johnson（1995），以及 Eberhardt 和 Teal（2013）都表示，一国内的不同部门中存在技术和生产功能的差异（Herrendorf，Rogerson 和 Valentinyi，2013）。因此，如果通过全部生产函数计算全要素生产率时，不考虑各部门的特殊性，那么其结果往往会出现显著的偏差，从而使人们对该方式的有效性产生强烈的质疑。人们对行业部门情况的认知也会使他们更多地关注多元化的决定因素，及其对一国收入的影响。人均收入与生产多元化呈正相关性（de Benedectis，2006）。然而，一些研究表明这些变量之间呈现非线性关系（Imbs 和 Wacziarg，2003）。还有一些研究致力于分析专业化结构和增长之间的关联度。该主题已经逐渐被经济学家所认同，尤其是在受到亚洲经济奇迹的影响之后（如韩国和后来的中国）。这些经济奇迹与一国生产和出口情况的显著改善是分不开的。最初一些实证研究在分析产量与出口构成对提高增长率的作用时，发现技术缺口是一个决定性因素（Dosi，Pavitt 和 Soete，1990）。这些变量之间的关系在之后 Dalum、Laursen 和 Villumsen（1998）的文献中有更详细的论述。最新的实证研究认为，出口复杂度与生产结构的复杂性是保持长期增长的决定性因素（CEPAL，2007，2012；Hausmann，Hwang 和 Rodrik，2007；Hidalgo，2007；Rodrik，2008；Agosin，2009；Cimoli，Porcile 和 Rovira，2010；Felipe，2012）。尽管对正确衡量高端出口和生产结构复杂性的方法仍有待探讨，但人们似乎就专业化和生产结构对保持可持续增长的重要性方面达成了共识。

值得指出的是，结构变化这一概念以凯恩斯主义增长模式为基础，特别是有关长期增长取决于进出口收入弹性的观点（Thirlwall，2011）。该弹性是一种生产结构函数；正是生产结构的改变解释了为什么进出口弹性随时间推移而变化，并导致其集中或分散（CEPAL，2012；Gouvêa 和 Lima，2009）（见图 3.3）。

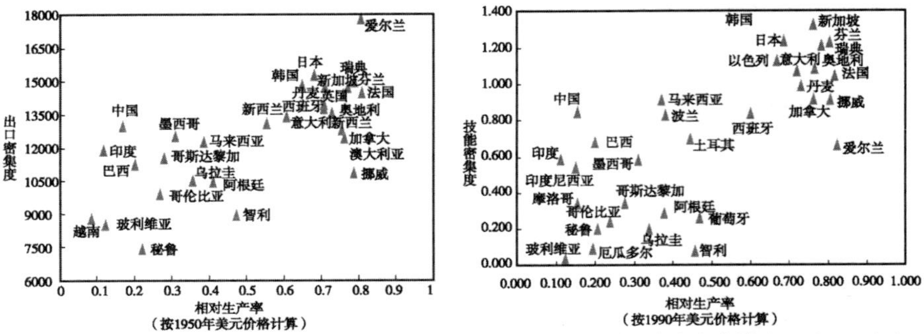

A 组：相对生产率和技术密集度（2007年） B 组：相对生产率和高端出口（2007年）

图 3.3 2007 年相对生产率、专业化与技术密集度

注：

A 组：一国相对生产率通过该国劳动生产率与基准国家美国劳动生产率的比率计算得出。相对生产率是生产率差距的倒数。结构的复杂性或技术密集度通过技术密集型部门的相对比重来衡量，即一国技术密集型部门在该国制造业增加值中的比重与美国同类比重之间的差。

B 组：出口复杂度指标由 Hausmann 等人（2007）提出，这一指标也是从需求强度角度出发衡量专业化有效性的优秀指标。

资料来源：

A 组：基于世界银行数据库、《世界发展指数》（Banco Mundial，“World Development Indicators”），以及联合国工业发展组织（UNIDO）的数据。

B 组：基于世界银行数据库、《世界发展指数》（Banco Mundial，“World Development Indicators”），以及联合国商品贸易统计数据库（COMTRADE）数据。

统计链接：http：//dx. doi. org/10. 1787/888932903253。

从图中可以得出一个典型结论，即相对生产率与生产结构的动态效率成正相关性。如上文所述，结构、技术和生产率同向变化、相互促进。这两个指标清晰地表明拉美地区往往集中在图 3. 3 的左下角。对于这些国家，推动发展进程需要面临的一大挑战在很大程度上在于如何向图 3. 3 的右上角转移。

为了运用一个更加全面而具体的视角看待拉美的生产结构和技术能力问题，需要在分析中加入其他变量和指标（见附录 3. A1）。对于这些指标的综合分析有助于纠正每一个指标产生的误差。当这些指标都显示相同的结果时，那么就可以对技术能力水平作出可靠的结论。但如果指标显示的结果不同，那么这种差异自身就使人产生疑问，从而有助于更好地理解各国技术变革的动态发展。这就是为什么应当提出一系列多样的生产能力和技术能力指标。

为了对拉美和其他地区进行比较，我们根据不同标准将各国情况进行归类。一方面，将拉美地区分为两个次区域：南美和中美，再从单个国家来看，拉美地区的数据可以由该地区三大经济体的数据来表示（巴西、墨西哥和阿根廷），这是根据三国在该地区 GDP 所占比重而定。另一方面，亚洲新兴国家作为缩短与发达世界差距的成功案例，往往被视为典范，这既表现在技术差距方面，也反映在人均收入差距方面。

自然资源本身并不是诅咒，因为它们能够有助于生产结构的更加多元化发展

我们还对发达国家经济体进行比较，将其分成两组：一组是以初级产品和自然资源密集型制成品为主要出口产品的国家（所占比例超过 70%，在表 3.1 中被称为“自然资源出口的发达经济体”）；而另一组国家，此类产品出口所占比例较小（比例低于 70%，因此被称为“发达经济体”）。这种将发达经济体分为两类的方式，旨在说明自然资源本身并不是结构变化的内在障碍或“诅咒”，实际上，这些资源能够成为生产活动向新兴的、复杂的知识密集型部门和经济活动转变的基础。

但是，这一从静态比较优势向动态比较优势的转变并不是自动实现的，而是一直存在“锁定”风险。在斯堪的纳维亚半岛国家中，从自然资源密集型向技术密集型部门转变的过程（资本产品、乳制品离心机、过滤技术）并不是突然的，也不是被动的。自 20 世纪 80 年代起，针对加强新经济活动的重要技术政策出台：例如，芬兰公共部门大力支持研发活动，丹麦采取政策将政府采购和医药部门相结合，以期在一些生物技术领域取得领先地位。

因此，尽管自然资源型成熟经济体常被拿来与拉美几个拥有丰富自然资源的国家作比较，但是这两个地区生产结构差异很大。自然资源出口发达经济体的结构更具复杂性、更加多元化。这种结构差距反映在自然资源

出口发达经济体如何通过产业政策对自然资源带来的收益进行利用，也体现在每个国家为了对更具技术和知识含量的新贸易品的生产造成不利影响而进行宏观价格调控的能力。

拉美地区在技术政策、劳动生产率、知识密集度和生产结构适用性方面均远远落后

实际上，在衡量技术政策和结果（研发和专利）的典型指标方面，拉美地区与其他地区相比不容乐观，不管是对于次区域（南美和中美）来说，还是对于地区最大的经济个体而言（阿根廷、巴西和墨西哥）（见表3.1）。拉美的滞后性同样反映在相对生产率的表现上。例如，将南美地区与亚洲国家经济体进行比较，前者的劳动生产率大致是后者的1/3。制造业领域反映知识密集度的指标也表现出相同的结果，因为拉美工程技术行业的相对比重比亚洲发展中国家经济体的1/4还要低。在适用性指数方面，南美低于中美，而它的进步趋势也要落后于亚洲国家水平。亚洲适用性指数在1985~2007年增加了3倍，而南美国家仅翻了一番。由于出口组装部门的发展，中美洲的适用性指数已经从0.2提升至1.1，因此发展前景要更为乐观一些。

指标并不总是传递一致的信息。例如，需要指出的是，墨西哥和中美洲中－高技术产品出口份额明显高于南美。从这个变量来看，墨西哥比自然资源出口发达经济体表现得更好，与亚洲发展中经济体水平相当。这一点与墨西哥和中美洲在适用性指标和出口复杂度指标上显示的结果相一致，即表现得比南美洲更为优异。然而，这些变量的结果与表3.1中衡量技术能力和结构变化的其他指标相悖。墨西哥和中美洲在中－高技术制成品出口比重方面的高分数，在很大程度上是依赖于自由贸易区的出口或处于临时进口制度中的出口，这是受到劳动成本的影响，而非知识密集度因素的影响。其他变量的低分数（如专利、相对生产率、技术密集度）说明这些国家缺乏提高能力的过程。

表 3.1　生产结构和技术能力指标

	相对生产率	适用性指数		中－高技术产品出口份额	出口复杂度	技能密集度	专利	研发	移动电话渗透率	固定宽带渗透率	移动宽带渗透率	互联网渗透率
	2001～2010年（%）	1985年	2007年	2007年（%）	2008年	2005年	1990～2010年	1996～2009年（%）	2009～2011年	2009～2011年	2009～2011年	2009～2011年
阿根廷	25.70	0.1	0.2	22.00	10.4	0.4	1	0.50	132.9	9.6	8.4	40.6
巴西	11.70	0.4	0.9	32.00	11.4	0.7	0.5	1.00	105.8	7.1	12.0	41.6
墨西哥	19.80	0.3	1.1	60.50	13.2	0.6	0.6	0.40	79.1	9.6	2.3	31.2
亚洲发展中国家	33.80	0.5	2.3	64.30	14.6	0.9	17.2	1.30	119.8	15	36.7	48.5
南美	12.10	0.3	0.6	18.50	9.1	0.2	0.4	0.40	104.3	5.2	5.6	35.4
中美	11.00	0.2	1.1	34.20	11.2	0.2	0.3	0.20	107.6	3.2	3.2	19.8
自然资源型成熟经济体	71.30	0.5	1.3	32.40	14.1	0.8	55.2	2.00	119.0	28.5	49.9	83.1
成熟经济体	76.30	0.8	1.5	64.60	15.0	1.1	126.1	2.40	116.7	29.1	51.3	76.3

注意事项：

相对生产率：衡量2001～2010年以美国作为基准的一国相对劳动生产率的平均值（总量的简单平均数）。

适用性指数：衡量1985～2007年的适用性指数。

中－高技术产品出口份额：2007年中－高技术产品出口比例，基于Lall（2000）的分类法。

出口复杂度：Prody指标的加权平均数（根据出口比重进行加权）。Prody指标指出口某种产品的国家的人均收入的加权平均数（根据各国产品的比较优势进行加权）。

技术密集度：以美国作为基准的一国工程技术密集部门占制造业总额的相对比重。

专利：每百万居民中商标局授予的专利数量，基于美国专利和商标局（USTPO）统计数据。

研发：研究与开发支出占GDP的比例。

注：

亚洲发展中经济体包括：中国香港、中国内地、印度尼西亚、马来西亚、菲律宾、韩国、新加坡和泰国。发达经济体包括法国、德国、意大利、日本、瑞典、英国和美国。自然资源密集型出口发达经济体是指那些人均GDP高，且自然资源出口份额占30%以上的国家（澳大利亚、丹麦、芬兰、爱尔兰、新西兰和挪威）。专利数据取自1999～2010年的平均数。研发支出取自1996～2009年的平均值，根据每年各国可获数据计算得出。技术密集度的计算中，南美国家包括阿根廷、玻利维亚、巴西、智利、哥伦比亚、厄瓜多尔、秘鲁和乌拉圭。中美国家包括哥斯达黎加和巴拿马。发达经济体有法国、意大利、日本、瑞典和英国。在相对生产率计算中，南美国家包括阿根廷、巴西、智利、哥伦比亚、厄瓜多尔、巴拉圭、秘鲁和委内瑞拉。中美洲国家包括哥斯达黎加、洪都拉斯和巴拿马。

资料来源：基于CEPAL在线数据库（CEPALSTAT）：http：//website. eclac. cl/sisgen/ConsultaIntegrada. asp；TradeCAN（2009年版）在线数据库：http：//comtrade. un. org/db/default. aspx；Banco Mundial：《世界发展指数》（"World Development Indicators"）：http：//databank. worldbank. org/；OECD：《劳动力调查》（"Labour Force Survey"）：http：//stats. oecd. org/；欧洲理事会在线数据库（Eurostat）：http：//epp. eurostat. ec. europa. eu/；联合国商品贸易统计在线数据库（COMTRADE）：http：//comtrade. un. org/db/default. aspx；美国专利和商标局（USTPO）在线数据库：http：//www. uspto. gov/；研发支出取1996～2009年的平均值，基于每年各国可获数据计算得出。

比较分析说明我们需要关注的并非自然资源而是政策和多元化。可以通过一些生产结构指标的比较，看到自然资源丰富的发达经济体拥有更加密集的多元化进程。特别是，自然资源出口发达经济体的技术密集度是中美和南美国家的4倍，而这些国家的出口复杂度也高，与拉美地区相比较，他们更加接近亚洲发展中经济体。从其他指标上看也能得出相同的结论。这些显著的结构性差距与自然资源的出口比重形成反差，因为中南美洲与自然资源出口的发达经济体在自然资源的出口比重方面差距并没有那么大。

技术是以自然资源为基础的经济体多元化的关键因素

技术在使以自然资源为基础的经济体多元化方面发挥着至关重要的作用。看准机遇，以及抓住机遇的可能性取决于技术能力，这一因素可以在经济中的其他领域内塑造（例如，在勘探中的工程学基础或在生物技术中的知识储备）。生产复杂性的发展需要从创新消费活动向创新生产活动转变，这样可以带动并完善前者的效率与竞争力。这并不是一项简单的任务。不一定只有新范式会提供渐进而积累的学习路径，正如之前在冶金案例中所见的那样；很多时候技术常常通过外资获得，这需要综合性的政策（出于政治和技术的需要），以期技术能够提高当地的研发和培训能力。

对通讯技术推广的分析显示一个与以资源为基础的能力构建截然不同的过程（见表3.1）。各国及地区之间存在的数字和通讯技术的差距是显而易见。对于移动电话来说，这种差距比较小，因为它的传播对收入水平的依赖程度较少；在固定和移动宽带方面体现得更为明显，因为这代表技术的运用达到一个更高的水平。拉美地区的固定宽带传播程度是亚洲发展中国家的1/3，而移动宽带的水平则低于亚洲的1/7。如果将发达经济体或自然资源密集型出口发达经济体作为比较对象的话，这种差距还会加剧。在通讯技术使用上的不对称是扩大结构差距的另一项指标。通讯技术和建设更多元化、更高端、更复杂的生产结构之间存在很强的互补性，缺乏结构变化本身就会成为通讯技术推广的障碍。

尽管如此，自然资源密集型部门的技术潜力已经大幅改善，这得益于通讯技术推动新技术范式所带来的影响。了解、采纳并应用这些技术是整个系统的一部分，在这一系统中互补性是非常重要的。因此，尽管在拉美和加勒比的农村地区，移动电话的普及让该地区的农民跨过了技术发展的一般阶段，但是他们的收入和教育水平，以及融入网络和价值链的程度，仍旧限制了他们使用通讯技术的水平。另外，通信技术与农业机械和专业化技术服务绑定，而这种“成套技术”的推广是这一部门技术传播的助推器。然而，成功地运用新技术仍旧依赖于国家技术能力的开发，以及服务和能力多元化内生性供给的开发。只有这样，生产者才能一方面挑选、实施，并合理利用这些技术；另一方面通过这些技术进行交流和学习（Rodrigues，2013）。缩短差距意味着克服低端技术的专业化模式造成的局限性。

当一个经济体各部门生产率得以提高时，创新才能够缩短外部和内部的差距

总而言之，流向创新的资源开创了新的投资机遇。在业已存在互补能力的情况下，流向创新的资源还有助于新的生产部门的建立。服务业和工业会对新技术需求作出反应；更多知识密集型经济活动将增加其比重。与此同时，高端产品也将扩大其在出口中的重要性。出口产品日趋多元化与高端化，形成更加挑剔的市场，在该市场中产品的差异就是有力的竞争武器。内外需求的刺激促使经济体自发地作出回应，从而创造更高质量和更有效率的就业。经济结构的多元化以及一般技术的传播，如通讯技术，形成良性循环的过程，这是一个基于外部性和不断学习的自我完善过程。在此过程中，两种差距都得以缩小：外部与国际技术边际的差距，内部在高生产率部门之外给劳动者更大空间的差距。

需要运用政策来建立上述良性循环。那些自然资源丰富的国家在对其自然资源部门的过度开发中获利或得到额外利润，这就强化了专业化的经济结构。这就表现为上文提及的，在一定时期内的静态效率和动态效率之间的紧张关系。如果没有推动结构变化所必需的制度框架，也没有产业政策，那么这一良性循环就会暂时受阻（下面的章节将详细地分析这些因素）。

自然资源出口的高度集中本身似乎并不会成为推动高技术含量产品出口的障碍

专栏 3.4　自然资源与出口多元化：从诅咒到祝福？

自然资源会成为阻碍高技术含量产品出口的壁垒吗？事实证明似乎并不是如此，至少并不是对于所有自然资源而言。表 3.2 通过动态面板数据模型说明了这一点（Cimoli，Fleitas 和 Porcile，2013）。因变量是中－高技术产品出口占出口总额的比例，而自变量包括不同类型的自然资源（农业、矿业和能源资源），此外还有一系列控制变量，包括实际资本份额、人力资本份额、经济开放度，以及实际汇率水平。

根据计量经济分析，除了能源以外，自然资源不会对技术含量产生消极影响。当农产品出口受人力资本控制时，它就会失去负面影响。与此同时，趋高的实际汇率水平对技术密集型产品的出口具有强有力的影响。因此，如果在经济繁荣时期丰富的自然资源推动汇率上升，其结果的确会打击出口。此外，动态面板数据显示因变量明显滞后，这意味着出口表现存在路径依赖。鉴于这种情况，宏观经济政策，特别是汇率政策应该纠正实际汇率不稳定上升的趋势，因为这类升值可能会阻碍或者抑制出口产品的技术升级。

表 3.2　中－高技术产品出口份额

（因变量：中－高技术产品出口）

中－高技术产品出口（t－1）	0.0430 (1.31)	0.0707 ** (2.16)	0.109 *** (3.31)	0.145 *** (4.39)	0.141 *** (4.16)	0.132 *** (3.81)
实际汇率	0.472 *** (5.43)	0.393 *** (4.61)	0.331 *** (3.89)	0.154 * (1.75)	0.278 *** (3.22)	0.200 ** (2.17)
GDP	1.095 *** (9.12)	0.957 *** (8.21)	0.762 *** (6.31)	0.653 *** (3.51)	0.548 *** (4.27)	0.555 *** (2.91)
波动性		0.167 (0.75)	0.284 (1.26)	0.151 (0.68)	0.361 (1.59)	0.219 (0.96)
开放性			0.204 * (1.65)	－0.118 (－1.01)	0.198 (1.60)	－0.0360 (－0.29)

续表

人力资本				0.412 *** (3.78)		0.451 *** (3.78)
物质资本				-0.0449 (-0.22)		0.118 (0.57)
农业资源					-59.24 * (-1.89)	81.28 *** (2.79)
能源					-0.014 *** (-3.15)	-0.013 *** (-2.95)
矿产					-0.0261 (-1.43)	-0.0029 (-0.14)
观察值	701	701	701	701	661	661
国家	110	110	110	110	105	105
AB (2)	0.185	0.235	0.281	0.534	0.625	0.6

注：* 10% 的显著性水平。** 5% 的显著性水平。*** 1% 的显著性水平。

资料来源：Cimoli，Fleitas 和 Porcile（2013）。所有等式均由 Arellano-Bond（1991）计算得出，只有模型中使用的控制变量不同。第一种模型包括因变量和实际汇率之间的转化，其他模型包括一系列控制变量的不同组合。估算基于 1965～2005 年的一个五年期动态面板数据。残差的自回归（Arellano-Bond 检验）被用于确认动态变量的存在，Hansen 检验被用作检验工具的有效性。

通讯技术可作为结构变革和增长的补充资产

对通讯技术潜力的充分开发取决于很多部门对它的利用与需求。规模报酬递增部门推动了更高的经济效率和创新的强度，通讯技术也不例外。当通讯技术融入新经济活动时，整个体系的效率得到提升。除了传统的规模经济利润外，还有随着用户和技术数量和类型的增加而获得的收益，这会促进互相学习过程。当通讯技术被广泛应用到更加密集复杂的生产结构中时，它的影响会加倍扩大。

通过不同指标可以说明通讯技术和结构变化的良性互动过程。互联网渗透率被选为衡量通讯技术推广程度的变量（见表 3.1）。它被视为衡量通讯技术传播的有效代理变量，因为它对用户和企业效率具有高度影响力，并且能够获取相当长的数据序列。而衡量结构变化程度则使用之前提及的高端出口的变量。

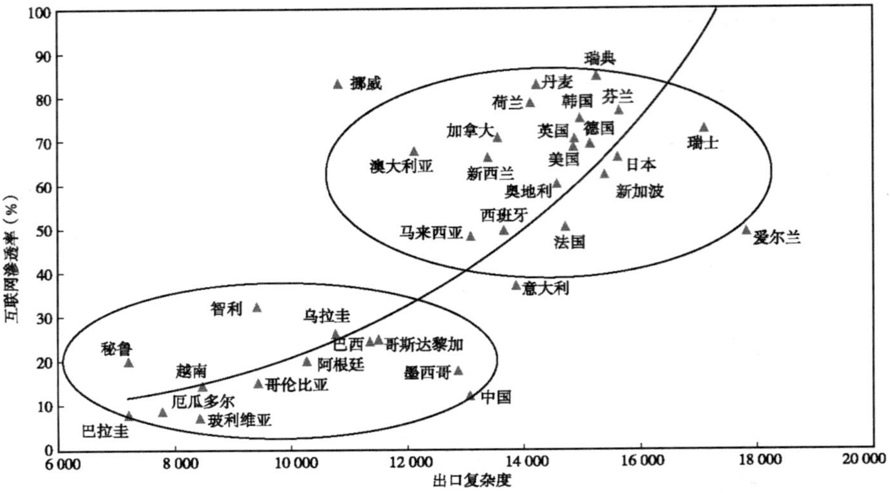

图 3.4　互联网渗透率与高端出口的关系（2003～2008 年均水平）

资料来源：CEPAL（2013）。

统计链接：http：//dx. doi. org/10. 1787/888932903272.

通讯技术传播与生产体系的多元化和高端性之间呈正相关性

高端出口与互联网渗透率之间呈正相关性。这种关系反映了两个过程的互补性：通用技术的传播过程和多元高端生产体系的构建过程。另一个结论在于世界经济中通讯技术传播的速度和模式是存在差异的（见图 3.4）。一方面，亚洲和欧洲国家集中在图的右上角，即通讯技术传播和结构变化程度处于高水平，并且二者相互促进。另一方面则相反，拉美国家集中在图的左下角，即两个过程都没有达到相同的水准。

拉美地区的产业和技术政策面临的挑战在于实现生产水平的飞跃，向成熟经济体以及成功缩短差距的发展中国家水平看齐。缺乏多元化生产可能成为拉美地区深化数字经济的绊脚石，因为这两个变量同时变化。在这些变量的表现上，不同地区差异很大。这需要通讯技术和知识密集型生产结构这两个方面共同进步。

关于通讯技术对增长的影响研究随时间变化而有所不同。最初，通讯技术被列入增长的核算模型中，这是以一种相当简单且间接的方式看待结构变化在经济中的作用。普遍认为资本不是同质的，一些资本会比另一些对增长贡献更大。

新技术促进增长，因为它可以带动新部门、新经济活动，以及新市场的兴起

后来的研究逐渐开始强调增长与结构变化之间的关系。创新、技术进步和增长在结构变化过程中相互融合。新技术推动经济增长，因为它可以带动以前并不存在的新部门、新经济活动和新市场的兴起。创新和技术传播与产业部门的兴起和消失，以及生产格局的变化相互交织。投资热源自新商品、新能力和基础设施的生产，以应对持续的不平衡趋势，进而促进创新和新技术范式的出现（见专栏 3.5）。

专栏 3.5　伴随结构变化的增长与通讯技术

在分析通讯技术对经济增长的贡献时，如果不考虑包含和/或补充结构变化因素，那么将会忽略增长过程中的重要部分。为了验证这个假设，我们运用解释变量，如互联网渗透率和结构变化，进行一个简单的有条件的集中测试（见表 3.3）。中－高技术产品出口占出口总额的比重是衡量结构变化的代理变量。乡村被定义为生活在小城镇的人口比例（是用来衡量转移到工业和服务业的劳动力的代理变量）。

人均 GDP 滞后项系数为负，根据实验规则，这表示（同质性）资本积累收益递减或者国际技术外部性带来的有利影响（赶超效应）存在滞后性。入学率显示出一个正系数，此外，研发费用也是如此。对实际汇率的估算变量（币值低估指数，即从均衡值向下的偏差值）与增长呈正相关性，正如 McMillan and Rodrik（2011）论述的那样。

互联网渗透率和中－高技术产品出口占总出口的比值，这两个变量均与增长成正相关。结构变化效应与通讯技术效应相互促进。因此，实验肯定了通讯技术对增长的推动作用，但与此同时，建议这种影响应当和结构变化的作用结合起来看，而不是作为结构变化作用的一种替代品。

表 3.3　增长、通讯技术和结构变化（因变量：人均 GDP 增长率）

	(1)	(2)	(3)
互联网	0.03 *** (0.009)	0.03 *** (0.008)	
中－高技术产品出口	0.05 ** (0.019)	0.05 *** (0.018)	
互联网 * 中－高技术产品出口	0.05 *** (0.01)		0.05 *** (0.01)
币值低估指数		2.43 *** (0.86)	2.5 *** (0.86)
乡村性		－0.2 *** (0.07)	－0.2 *** (0.07)
入学率	9.47 *** (2.24)	8.65 *** (2.25)	8.17 *** (2.24)
研究与开发	0.64 * (0.48)	0.86 ** (0.49)	0.97 ** (0.48)
投资	0.29 *** (0.03)	0.33 *** (0.03)	0.34 *** (0.03)
人均 GDP 滞后项	－5.51 *** (1.03)	－6.88 *** (1.13)	－5.37 *** (0.07)
常数项	26.83 *** (7.57)	46.47 *** (10.27)	34.83 *** (9.24)
R^2	0.15	0.17	0.16
Hau smann 检验	固定效应	固定效应	固定效应
观察值	694	694	694
小组数量	39	39	39

注：* 10% 的显著性水平。** 5% 的显著性水平。*** 1% 的显著性水平。

因变量是按购买力平价计算的人均 GDP 增长率。估算使用带有固定效应的面板数据回归方法。括号中为标准差。

资料来源：CEPAL（2013）.

生产率与就业

创造高质量就业与两个基本目标有关：实现生产率递增的可持续性和促进社会融入（CEPAL，2010）。特别是第一个目标，与结构类型紧密相联：无论结构是否是动态的，是否能够促进知识的学习、技术的发展与创新。劳动是一种活动，通过这种活动人们获取生活福利必要的收入，而劳动市场则是使人们获得和发展他们大部分技术能力的地方。因此，国家在推动结构改革，使其更具动态效率，并逐渐向技术高端、有效需求日益增强的行业部门转变的同时，致力于扩大就业和提高生产率。然而，当一国结构向低生产率部门倾斜时，就业可能也会增加，但是生产率也许会下降。

如果工人们放弃高生产率部门工作向低生产率部门转移，尽管产出在增加，但总的生产率可能会下降，这是因为雇佣的工人数量更多了。然而如果生产率提高，但有效需求扩张得并没有那么快，那么产出会增加，但就业会下降，这就成为向包容性发展之路前进中的严重问题。

如果就业向较低生产率部门转移，那么产出的增加并不总是会提高生产率

在拉美国家经济中，存在产出增加、生产率下降的时期，出现过动荡不稳定的经济现象。与此同时，亚洲和欧洲经济体向动态效率转变之时，向两个动态效率变动，其曲线表现为产出和生产率的两个变量，两者同时持续增长。拉美国家的数据显示出就业向低生产率部门转移的趋势，这通常只是一条避免完全失业的临时之策。拉美各国内部差异很大，因此在图3.5中列举的国家并不能准确地反映出该地区的全面情况。甚至在图中所列的国家中也显现出不同的情况：一些国家自2004年以来表现出更为坚挺的增长，而另一些国家则经历过不稳定的阶段（见图3.5）。从长期看，拉美地区同时保持生产率和就业的增长将会有问题；保持其增长是21世纪产业政策所面临的主要挑战之一。

拉美的情况与在产量和生产率变量方面呈现稳定向上趋势的亚洲和欧洲国家形成反差。在20世纪80年代“失去的十年”中拉美地区生产率的下降表现得尤为明显。尽管在该地区经济发展的其他时期这样的情况也曾发生过（如20世纪90年代末至21世纪初），但并没有像80年代持续的时间那么长。可以从发展曲线中看到一段几乎呈水平方向的变化，这反映出经济增长几乎完全依靠吸收劳动力，而不是依靠技术进步或多元化生产的现象。

实现生产率持续提升的制约因素与一国的生产结构有关，因为它可能阻碍创造高质量就业，以及更优厚工资待遇的支付。从这个意义上来讲，生产结构与工资水平的关系反映了这一点，同时也体现了产业政策和结构改革的重要性，因为它们是构建包容性经济、注重收入分配政策及社会融入政策的决定性因素（见图3.6）。因此，在推进生产结构多元化和同质化的行动中，可以开发出有助于生产进程的能力和技能，并能从中自我完善。

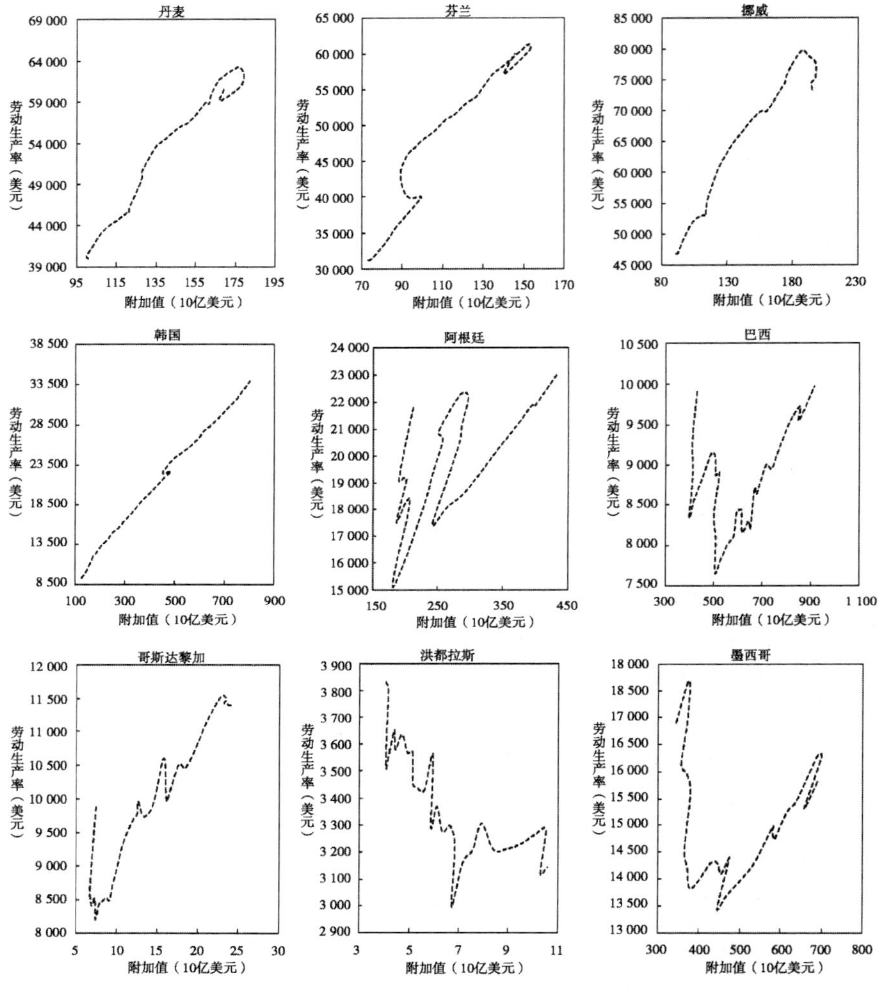

图 3.5　1980～2010 年所选国家的劳动生产率动态与附加值变化

（单位为 2000 年不变价格的美元）

资料来源：CEPAL 数据库 CEPALSTAT，Banco Mundial，“World Development Indicators” 和 OECD，“Labour Force Survey”，2012。

统计链接：http：//dx. doi. org/10. 1787/888932903291.

高工资推动需求增长，在拥有当地的生产能力时，它就有助于走上包容性增长的道路。

A 组：按照技术水平分类。

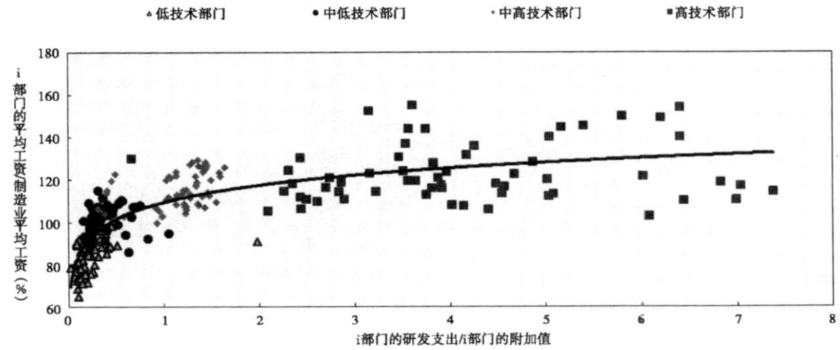

注：包括 17 个国家：德国、澳大利亚、比利时、加拿大、丹麦、美国、西班牙、芬兰、法国、荷兰、意大利、爱尔兰、日本、挪威、英国、韩国和瑞典。

根据 ISICRev. 3 分类法，以及按照不同技术密集度划分的部门分类（OECD，2011），这些国家共分为以下几类：低技术部门包括下列经济活动：15-16，17-19，20-22 和 36-37；中低技术部门：23，25，26，27-28，351；中高技术部门：24（2423 除外），29，31，34，352，359；高技术部门：2423，30，32，33，353。

B 组：按照时间段分类。

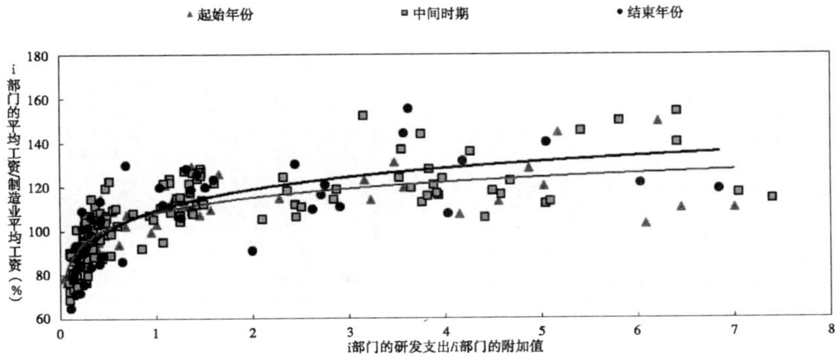

图 3.6　技术密集度和工资分配

注：包含 17 个国家：德国、澳大利亚、比利时、加拿大、丹麦、美国、西班牙、芬兰、法国、荷兰、意大利、爱尔兰、日本、挪威、英国、韩国和瑞典。起始年份是 1990 年，中间段是 1995 ~ 2000 年期间，结束年份是 2005 年。

资料来源：Rovira 和 Scotto（2013）.

统计链接：http：//dx. doi. org/10. 1787/888932903310.

此外，不同时期的比较分析反映出生产结构和工资分配之间的关系日益密切。这与技术经济范式的兴起及其在一国经济社会的增长和发展中所发挥越来越重要的作用有关（见图 3.6）。

结论与政策建议

公共政策应当推动从以自然资源为基础的发展模式向以知识为基础的国际参与模式的转变

构建内生能力和缩短经济社会差距是两个互相补充的过程。但这种互补性并不是自发产生的。一些规模报酬递增的内生力量会造成国际差异性趋势加剧，有必要运用产业、技术和培训政策来抑制这样的趋势（CEPAL, 2012）。可以借助适当的激励政策实现全球和区域内的技术传播的扩大。国际经验表明，当发展中国家存在致力于激励并构建内生能力的政策时，其技术、生产和贸易活力导致的异质性并非不可避免，而是有可能实现从丰富资源为基础的增长模式向知识为基础的国际参与的发展战略转变。尽管一个成功的战略涉及许多方面，但尤其需要指出的是其中的 4 个方面及其之间的互补性：（1）能力或人力资本；（2）生产多元化；（3）生产结构的高端化；（4）技术发展。

不同的发展战略，与看待和构想公共政策的干预的方式有关。在 20 世纪 80 年代“失去的十年”末期，发展战略只相信市场的力量。公共部门干预，尤其是产业政策都被视为造成扭曲的根源而被摒弃。21 世纪第一个十年建立了更加均衡而务实的看法。国际经验表明产业政策是必需的，但是应避免被私人利益收买或者长期缺乏绩效评估这种已知的风险（导致一批永远处于“婴儿期”的产业或收入不断流向那些不依靠政府支持同样获利的企业）。评估和重新界定政府的扶持方向和力度，以期实现对目标和效果的有效监控，是政策实施的关键因素。

在发展中国家可以说，产业政策的重现，在很大程度上是受到多个亚洲国家的成功经验的激励（OECD, 2013）。这些经验在很大程度上离不开公共部门的推动和大力引导。生产和技术的新格局造就了亚洲的崛起，我们应该从这些成功案例中受到启发，并结合“二战”后拉美地区学习借鉴的经验，以及 OECD 国家自身在经济计划和经济激励方面的经验，从而找到新的答案。在新一轮产业政策周期中，前面提及的政策之间存在互补性，使人们越发关注将这些政策与创新政策和强化生产研究网络（区域和国际范围内）的政策相结合，从而缩短与先进技术之间的差距。

产业政策的重新兴起应当面向基于知识和能力的生产多元化

生产多元化政策被置于新的发展战略的中心地位。在创建新部门和新经济活动方面，产业政策的回归应当拥有完全的合法性和政治支持。反之，拉美地区将不可能充分参与新技术革命，也不能向建立在知识和能力基础上的新型专业化推进，无论是在价值链内还是在产业内贸易方面。21 世纪头十年产业政策的缓慢回归仍是一个悬而未决的问题。创建新经济活动要求推进这些活动的参与者向其投入经济和政治资源。生产力政策并非仅仅只是一项寻求更加有效地做同件事的政策，而是还要寻求提高效率来改变生产构成和就业。

为了实现公平发展，不同公共政策的协调是结构改革战略的重要目标

在既要应对生产力、收入分配和就业这样的老的挑战，又要面对新技术、创新和注意环境这样的新问题的新产业政策方面，我们有理由抱有乐观主义态度。这种更加乐观主义的态度地是因为在不同政策之间可以建立互补性，并且与以往相比这些政策可以拥有更大程度的合法性。实际上，经济和政策分析经常倾向于将短期目标和长期目标对立起来，强调二者之间的平衡与取舍。但是，我们可以充分利用目标和政策之间存在的重要的互补性。这就需要在面向公平发展的结构性变革的战略中，将各项公共政策的协调作为该战略的基本目标。

另一个重要的互补性是在财政政策、投资和难于达到的公平性目标之间实现互补。反周期财政政策，寻求在繁荣时期扩大财政空间，在衰退时期通过公共支出刺激经济，可以通过两种方式与其他政策目标相联系。首先是通过支出的目的。由于，财政储蓄及其后续用途以公共投资为优先（对私人投资具有挤出效应），因此也会同时有利于稳定和结构变化。在这方面，至关重要的是公共投资的目的，它要与产业政策的更加广泛的目标及建立复杂而多元化的生产结构的努力结合起来。其次是构建财政空间的基础，即税收来源。拉美地区的税收趋于累退型的，或者至多也是中性的，因此存在足够的空间余地将财政空间和改善公平的两种建设统一起来。

此外，用于卫生和教育方面的社会支出与生产力和学习能力呈正相关性。对儿童的保护是对未来生产力的投资。同理，在工人培训和能力完善方面投入的同时，也在失业时给予保护，那么工人再次在劳动市场求职的时间将会减少。福利国家及其对卫生和教育的需求存在重要的互补关系，其中新技术（特别是通讯技术和生物技术）被广泛应用。政府是这些需求的主要推动者和协调者，因此这些国家不仅是公平的象征，也是创新的催化剂。

结构变化不仅需要面向更强的知识和创新密集度，而且旨在维护社会与环境的可持续性

最后，未来的政策应当成为这一战略的重点。不仅应当在生产结构方面，更加重视知识含量和创新的强度，而且还应该在知识和创新方面，注重为社会和环境的可持续性服务。不仅技术进步的幅度需要关注其方向和内容，而且开创未来的可持续性路径，也需要关注其方向和内容。对供给这一概念应从以下视角出发重新界定，即考虑到生产结构对排放水平和其他环境可持续性变量的影响，以及对那些仅仅从增长中有限获益部门的生产和消费体系的包容性。

新通讯技术、新材料、生物技术和纳米技术等都是有助于生产体系向理想方向转变。这些技术与环境问题以及包容性问题的融合是可行的，正如一些成功案例所显示的那样。尽管这些案例具有地域局限性，但可以看出在生产机器、城市组织，或向低收入群体提供的服务中实现新的技术路径的可行性。

新技术和环境的融合旨在对清洁技术（绿色技术）的应用，其结果就是在以下方面取得进步：对水和气的循环处理、使用再生能源和氢燃料电池进行发电（风能、太阳能、水力发电、动力发电）；生物技术燃料（生物燃料、乙醇）；城市系统智能控制网络（房屋、交通）和智能电网；机器设备能耗效率的增加，比如汽车。

对面向可持续包容性经济的各种新技术范式的综合应用，可以成为结构变化和产业及技术政策的战略焦点。此外，这些政策除了获得国内的更大的合法性外，还需要在一个气候变化和环境恶化效应逐渐加剧的世界中，获得国际的合法性。

区域合作在所有这些方面注定要扮演一个核心角色（正如本书第二章所述）。近年来，拉美地区各国正在发掘并拓宽其互动和联系的多种空间，它可以成为在整个系统技术升级时支持战略性部门的平台（同时减小结构的异质性）。同样也有必要探索改变与亚洲新增长中心的贸易模式的可能性，有必要使拉美出口多样化，形成一种以新技术为支撑的产业内的模式，以期应对社会包容和增长可持续性的新挑战。

附录 3. A1　衡量生产结构技术密集度与复杂性的指标

制订反映技术密集度或生产结构复杂性的指标不是件容易的事情，需要考虑一系列的指标。因此，首先定义一组反映这些特征的变量；然后，显示这些使用的指标，并讨论其主要的优点和缺陷。

（1）衡量在技术方面的投入和结果的经典指标分别被称为研发投入（I + D）和人均专利数量。

（2）相对生产率，被定义为一国经济体劳动生产率与基准发达国家水平之间的比率（是生产率差距的倒数）。美国一般被视为基准国家，因为该国技术领先，并拥有大量投资，此外与拉美和加勒比国家及地区贸易联系紧密。

（3）中－高技术产品出口占出口总额的比重（X_ MHT/T），根据 Lall（2000）的分类法。

（4）技术密集型部门在经济体的制造业附加值中的比重及与美国该部门的比重比较（IPR）。假设该比重（IPR）越高（工业的比重越高），工业的知识密集度就越高；IPR 指标等于 Si/SR，其中 Si 指一国工程技能行业占经济体制造业附加值的比重，SR 是基准国家这一关系的比重（在此，SR 是指美国）。

（5）通过四个指标衡量信息和通讯技术的传播程度：

①移动电话渗透率（TEM）；

②固定宽带渗透率（BAF）；

③移动宽带渗透率（BAM）；

④互联网渗透率。

这些指标非常重要，因为它们代表一种广泛使用的技术范式，对竞争力、整个经济的效率，以及未来增长之路产生较大的影响。

（6）适用性指数（IA），其定义是出口总额中最具活力的部门的比重与非活力部门比重之比；既前者相对于后者的规模。具有活力的部门是指那些拥有世界需求的部门，用其出口额计算，其需求增长幅度高于平均水平。尽管历史上最具活力的部门是制造业中那些最具现代化的产业（如机械，电气或电子设备，运输设备，等等），但从产品来看，这种常规并不总是符合现实，因为农矿产品的活力也的确存在。

（7）高端出口指标（EXPY），由 Hausmann，Hwang 和 Rodrik（2007）予以发展。通过高度分解的贸易数据进行计算，从而界定高端出口的质量或水平。为了建立这个指标，首先需要计算 PRODY 指标，即出口某种产品的国家的人均收入的加权平均数，权数根据该国公布的该种商品的显示性比较优势进行计算。因此，每一项产品都有一个 PRODY 指标。而高端出口（EXPY）则由每一国的 PRODY 指标的加权平均数，再根据每种产品在该国出口篮子中的份额计算出加权要素。一国拥有的高端出口（EXPY）的比重越高，说明该国主要出口产品也是高收入国家的出口产品。一般认为，来自高收入国家的出口产品拥有的知识密集度比低收入国家的出口产品要高。该差距产生的原因在于高收入的经济体拥有更强的技术和市场能力，使其能够在更严格的市场上在各种商品中同低收入国家竞争。通常情况下，高收入国家出口的更加高端的产品和服务的收入弹性大于低收入国家出口的收入弹性，这一指标同时反映了出口的技术密集度及其需求的活力。

指标（1）～（4）代表技术能力，指标（5）也与能力有关，反映了对某一种新技术模式的吸收能力（尽管是从消费角度看）并对经济体系产生更大影响力（数字技术模式）。相反，指标（6）则表示外部需求的活力，反映专业化增长的效率，独立于行业部门的技术基础影响。最后，指标（7）代表技术密集度和需求活力，与投向高收入市场的更加高端的商品有关。

在上述各项指标中，其中两项指标（IPR 和 X_ MHT/T）涉及制造业部门；四项指标表示总量，代表经济体中的所有部门（相对生产率、I + D、专利、EXPY）；三项指标代表贸易模式（EXPY、IA 及 X_ MHT/T）；四项指标用来衡量通用技术的传播程度（TM、BAF、BAM、互联网）。需要指出的是，表 3.1 中使用的通讯技术的传播指标并不完善，因为它与个人的使用有关，因此既影响消费又影响生产。正因如此，这些指标应该被看做近似值，而不是忠实地反映这类技术对生产组织产生系统性影响的指标。

【参考文献】

[1] Agosin, M. R. (2009), "Export diversification and growth in emerging economies", *Revista de la CEPAL* No. 97, pp. 115 ~ 131, Comisión Ecónomica para América Latina y el Caribe, Naciones Unidas, Santiago de Chile, abril.

[2] CEPAL (2013), *Banda Ancha en América Latina: Más allá de la Conectividad*, Comisión Económica para América Latina y el Caribe, Naciones Unidas, Santiago de Chile.

[3] CEPAL (2012), *Cambio Estructural para la Igualdad*, Comisión Económica para América Latina y el Caribe, Naciones Unidas, Santiago de Chile.

[4] CEPAL (2010), *La Hora de la Igualdad: Brechas por cerrar, caminos por abrir*, Comisión Económica para América Latina y el Caribe, Naciones Unidas, Santiago de Chile.

[5] CEPAL (2007), "Progreso técnico y cambio estructural en América Latina", LG/W 136, Division of Production, Productivity and Management, Comisión Económica para América Latina y el Caribe, Naciones Unidas, Santiago de Chile, octubre.

[6] Cimoli, M., S. Fleitas y G. Porcile (2013), "Technological intensity of the export structure and the real exchange rate", *Economics of Innovation and*

New Technology 22 (4), pp. 353 ~ 372, febrero.

[7] Cimoli, M., G. Porcile y S. Rovira (2010), "Structural convergence and the balance-of-payments constraint: Why did Latin America fail to converge", *Cambridge Journal of Economics* 34 (2), pp. 389 ~ 411, marzo.

[8] Dalum, B., K. Laursen y G. Villumsen (1998), "Structural change in OECD export specialisation patterns: De-specialisation and 'Stickiness'", *International Review of Applied Economics*, Vol. 12 (3), pp. 447 ~ 467.

[9] De Benedictis, L. (2006), "Openness, specialization and growth", *DEGIT Conference Papers* c011_ 054, DEGIT.

[10] Dosi, G., K. Pavitt y L. Soete (1990), *The Economic of Technical Change and International Trade*, Harvester Wheatsheaf, Londres.

[11] Durlauf S. N. y P. A. Johnson (1995), "Multiple regimes and cross-country growth behavior", *Journal of Applied Econometrics*, Vol. 10 (4), pp. 365 ~ 384.

[12] Eberhardt, M. y F. Teal (2013), "Structural change and cross-country growth empirics", *Policy Research Working Paper* No. 6335, Banco Mundial, Washington, DC, enero.

[13] Felipe, J. (2012), "Product complexity and economic development", *Structural Change and Economic Dynamics*, No. 23, pp. 36 ~ 68, Elsevier, Amsterdam.

[14] Gouvêa, R. R. y G. T. Lima (2009), "Structural change, balance of payments constraint and economic growth: Evidence from the multi-sectoral Thirlwall's Law", Anais do XXXVII Encontro Nacional de Economia da ANPEC, Associação Nacional dos Centros de Pós-Graduação em Economia, Niterói,

[15] Hausmann, R., J. Hwang y D. Rodrik (2007), "What you export matters", *Journal of Economic Growth*, *Vol.* 12 (1), pp. 1 ~ 25 marzo.

[16] Herrendorf, B., R. Rogerson y A. Valentinyi (2013), "Growth and structural transformation", *Working Paper* No. 9370, Center for Economic Policy Research, Londres.

[17] Hidalgo (2007), "The product space conditions: The development of nations", *Science* Vol. 317, No. 5837, pp. 482 ~ 487.

[18] Imbs J. y R. Warcziarg (2003), "Stages of diversification", *American Economic Review* 93 (1), pp. 63 ~ 86, Pittsburgh, PA.

[19] Lall, S. (2000), "The technological structure and performance of developing country manufactured exports, 1985 ~ 1998", *Oxford Development Studies* 28 (3), pp. 337 ~ 369, Oxford.

[20] McMillan, M. y D. Rodrik (2011), "Globalization, structural change and productivity growth", *Joint ILO-WTO paper*, febrero.

[21] OCDE (2013), *Startup América Latina: Promoviendo la innovación en la región*, Estudios del Centro de Desarrollo, OECD Publishing, París. *doi*: 10. 1787/9789264202320-*es*.

[22] OCDE (2011), "ISIC Rev. 3 Technology Intensity Definition", Economic Analysis and Statistics Division, OECD Directorate for Science, Technology and Industry, julio.

[23] Rodrigues, M. (2013), "The evolutionary approach applied to ICT and agriculture technological systems in Latin America: A survey" Capítulo 1 in Rodrigues, M. y A. Rodríguez *Information and Communication Technologies for Agricultural Development in Latin America. Trends, Barriers and Policies*, Comisión Económica para América Latina y el Caribe, Naciones Unidas, Santiago de Chile.

[24] Rodrik, D. (2008), "The real exchange rate and economic growth", *Working Papers*, John F. Kennedy School of Government, Harvard University, Cambridge, MA, febrero.

[25] Rovira, S. y S. Scotto (2013), "Políticas de ciencia, tecnología e innovación: más allá de su impacto productivo", *Documento de trabajo CEPAL* (en proceso).

[26] Thirwall, A. (2011) "Balance of payments constrained growth models: History and overview", *School of Economics Discussion Papers*, No. 1111, University of Kent, mayo.

第四章　拉丁美洲促进物流的政策

物流是将产品和服务从产地运输至最终消费者的必要过程，它是发展和竞争力的一个决定性因素。物流绩效每提升一个等级将使劳动生产率平均提高近35%。提升物流绩效对于拉丁美洲和加勒比地区来说很重要，因为该地区物流与经济合作与发展组织国家相比一直是相当滞后；而且，该地区物流密集型和时间敏感型出口占比超过经合组织国家的3倍。拉美和加勒比国家及地区的运输成本相较关税的比例比其他地区高出许多，有必要运用多种政策降低运输成本。逐步缩小运输基础设施间的差距是最根本的。然而，短期内该地区应通过“柔性”解决方案改善物流绩效和竞争力。这些方案包括提供现代化的仓储服务、提高海关和认证过程的效率以及整合物流信息和通讯技术等。

导　言

本章将分析管理物流的必要政策，以提升它在拉丁美洲经济中的效用和效率。拉美地区在物流绩效方面与经合组织国家相比，甚至与其他新兴经济体相比都明显落后。因此，在生产、运输、仓储和配送过程中缺少合适的框架，阻碍了本地区的增长潜力和竞争力。为了弥补这些差距，关键是要改善行业公共政策的设计，以此促进基础设施建设，包括海关管理在内的各个过程的便利化、适当的市场监管、供应链的安全性以及物流服务效率。

进行更多、更好的基础设施投资是必要的，但还不够。提供更多的交通基础设施及其合适的投资框架十分重要。由于满足上述条件不能一蹴而就，其他运用现有的交通基础设施有利于贸易的措施也是当务之急。它的基石在于物流涉及的不同机构间更好的协调，以及通过国家和地方政府层面协调各公共和私营部门行为机制，强化良好的管理。同样的，提高关税流程、商品检验和包装、仓储及库存管理的效率和效用，对于削减物流成本也起到决定性作用。最后，运输的便利化和竞争、物流教育以及信息和通讯技术的运用同样必不可少，这些因素往往未被包括在提升竞争力的努力当中，即便它们深刻地影响到拉美地区物流成本偏高的现状。因而，解决上述问题将提升物流绩效，使现有的交通基础设施利用最大化。

本章分为五个部分。第一部分对物流下定义并讨论其对经济增长的影响。第二部分比较拉丁美洲和其他地区以及经合组织国家的物流绩效。第三部分着重探讨物流对于物流密集型经济部门的影响，特别是，比较拉美和经合组织国家的物流密集型出口比例，以及物流绩效对于生产率和物流密集型经济部门出口的影响。第四部分介绍改善物流可能带来的主要的直接益处，比如推动地区内贸易，加入全球价值链和促进中小企业发展。最后，本章介绍拉丁美洲为促进物流所采取的政策行动。第五部分强调，尽管交通基础设施欠账是解释物流落后的主要原因，其他诸如整体物流政策的制定、贸易便利化以及在物流中更多地运用信息和通讯技术等因素，将提升物流在促进贸易中的效用。

物流，发展和竞争力的关键因素

第一部分对物流及其不同的测算方式下定义，同时简要介绍物流对于一国经济的可持续发展的积极影响的事例。

物流的概念包括将产品商品化的各种关键要素。它包括了将产品和服务从产地运输至最终消费者的全部必要的服务和过程。因此，在一国内部运输的终点可能是港口、机场或者家庭。这一过程包括各种“柔性”要素，比如管理和海关程序，运输的组织和管理，包装、仓储和库存成本，跟踪和定位服务以及在整个过程中运用信息和通讯技术等。物流同时还包括其他“硬性”要素，比如交通和电信基础设施，以及便于整个配送供应链连接的仓储基础设施。因而，现在的物流概念既包括私营部门自身的活动，也包括实施物流设计、提供、便利和监管等公共政策的国家行为。

根据归类、分析和目标的水平不同，不同的测算物流成本的战略提供了互补的信息。特别是，存在三种测算分析方法：微观、宏观和感觉（Rantasila 和 Ojala，2012）。宏观方法基于国民经济核算，测算物流业对国内生产总值（GDP）的贡献，就物流业的相对重要性给出一个总体印象。然而，对物流规模的宏观测算并不能提供物流绩效的准确数据，因为物流业的规模与其绩效并不同步。同样，在物流业对 GDP 的贡献和经济结果之间也不存在系统性关系（Shepherd，2011）。基于行业、产品或者物流链的微观视角测算的是物流成本相对于产品最终价值的比例。更高的物流成本比例意味着该行业对物流要素更大的依赖性及物流对行业竞争力的影响。然而，将微观测算值综合起来制成可以在国家之间作比较的数据库对本地区是一项挑战。第三种方法基于货运代理的感觉，这种方法可以比较各个国家的交通便利性，并且考虑到海关过程的效率、交通基础设施的质量、物流服务的竞争和质量，以及货物[1]跟踪和定位的能力等多种因素。本书主要使用感觉数据，这样能够更细致地分析国家层面的物流绩效的因素并且进行国际比对。

物流成本和质量对于经济的可持续增长有着重要的影响，更好的物流绩效有利于国内和国际贸易便利化。首先，它方便国家的连通性，降低交易成本。这点很重要，因为国内企业的竞争力受到运输成本的影响，并影响其与供货商的整合潜力。其次，它方便与国际贸易整合，有助于增加出口，降低进口成本，多元化产品和贸易伙伴，以及融入全球价值链。这些益处转化成物流密集型行业就业的增长，对中小企业竞争力的支持，以及降低食品和向偏远地区提供基本服务的成本等结果（Rodrigue，2012；经合组织和世贸组织，2013）。这样，如果所有国家都朝更好的国际实践努力，即便只是在中途，仅仅改善供应链的两个关键方面（边界壁垒管理和交通及与服务有关的通讯基础设施），世界的 GDP 就可能增长接近 5%（相当于 2.6 万亿美元），出口将增长 14.5%（世界经济论坛，Bain 和世界银行，2013）。

物流指数每提升一个等级意味着劳动生产率提高35%

以拉美为例，在考虑到各国的发展水平后，物流服务的改善，能够提高劳动生产率（见图4.1，A图），降低可能与更大的出口复杂度相联系的贸易成本（见图4.1，B图）。同时，一旦受到其他影响经济发展的变量控制，物流绩效的改善极为显著地与生产率和出口复杂度的提升相关联。特别是，物流指数每提升一个等级（等级从1~5），意味着样本中的国家平均劳动生产率提高近35%。例如，如果达到葡萄牙或者土耳其的物流绩效水平，巴拉圭或者委内瑞拉（玻利瓦尔共和国）的劳动生产率将提高35%。同样，如果多米尼加共和国的物流绩效水平达到韩国[2]那样，其劳动生产率也会提高35%。

拉美地区国家的物流绩效：异质性和各种挑战

这一部分介绍拉美和加勒比地区的物流绩效发展情况，并将之与其他新兴经济体和经合组织国家作比较。同样，对本地区物流落后的原因进行分析，并且介绍拉美和加勒比地区之间的异质性和挑战的多样性。

拉美和加勒比地区仍然在物流绩效方面落后很多。世界银行编写的物流绩效指数（LPI）可以比较国家之间的物流及其主要组成部分的表现。同经合组织最好的物流绩效相比，拉美和加勒比地区的物流鸿沟要远远大于经合组织的整体情况，以及1990年该组织人均GDP最低国家的水平（见图4.2，A图）。对于2007年和2010年这两个有物流绩效指数统计的年份而言，拉美和加勒比地区和被研究的经合组织国家群体一样，物流鸿沟比那时候有所缩小。然而，相较经合组织经济体的整体水平，拉美和加勒比地区的物流绩效难言有显著改善[3]。

拉美和加勒比主要国家之间的物流及其主要组成部分的绩效依然存在显著的差距。尽管该地区纳入物流绩效指数统计的全部国家相比经合组织最好水平国家，差距都很大，像海地、古巴、巴拉圭、委内瑞拉（玻利瓦尔共和国）、洪都拉斯、萨尔瓦多、玻利维亚（多民族国）和多米尼加共和国等，比本地区表现最好的国家智利落后50%~100%（见图4.2，B图）。

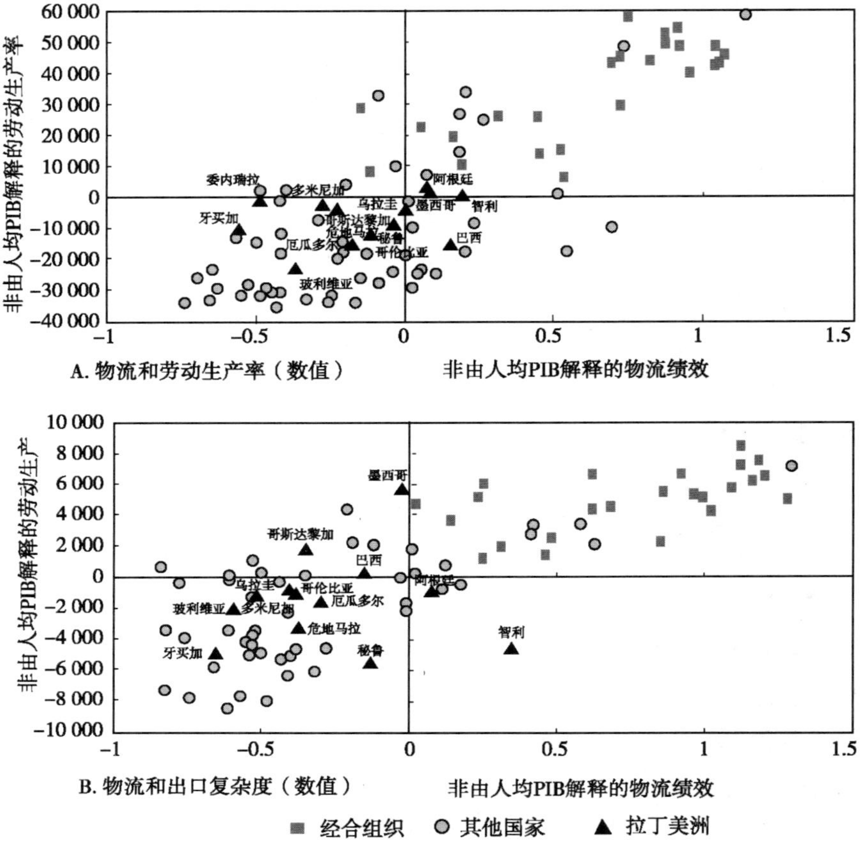

图 4.1 物流和经济绩效：偏相关分析

注：A 图为 2012 年资料，B 图为 2007 年资料。偏相关分析使用人均 PIB 作为控制变量。根据 DFBETA 标准法，所有异常数值已被剔除（没有一个拉美和加勒比国家的数值被剔除）。劳动生产率用根据购买力平价（PPA）调整的以 2012 年美元汇率衡量的人均 GDP 表示。物流绩效指数（LPI）由世界银行编制。一国的出口篮子复杂度根据按人均国内生产总值的出口复杂度指数（见第二章）得出。墨西哥和智利在图例中被视为拉美（而非经合组织）国家。

资料来源：作者根据美国经济咨商局总经济数据库、世界银行（LPI）和联合国商品贸易统计数据库（Comtrade）数据编制。

统计链接：http：//dx. doi. org/10. 1787/888932903329.

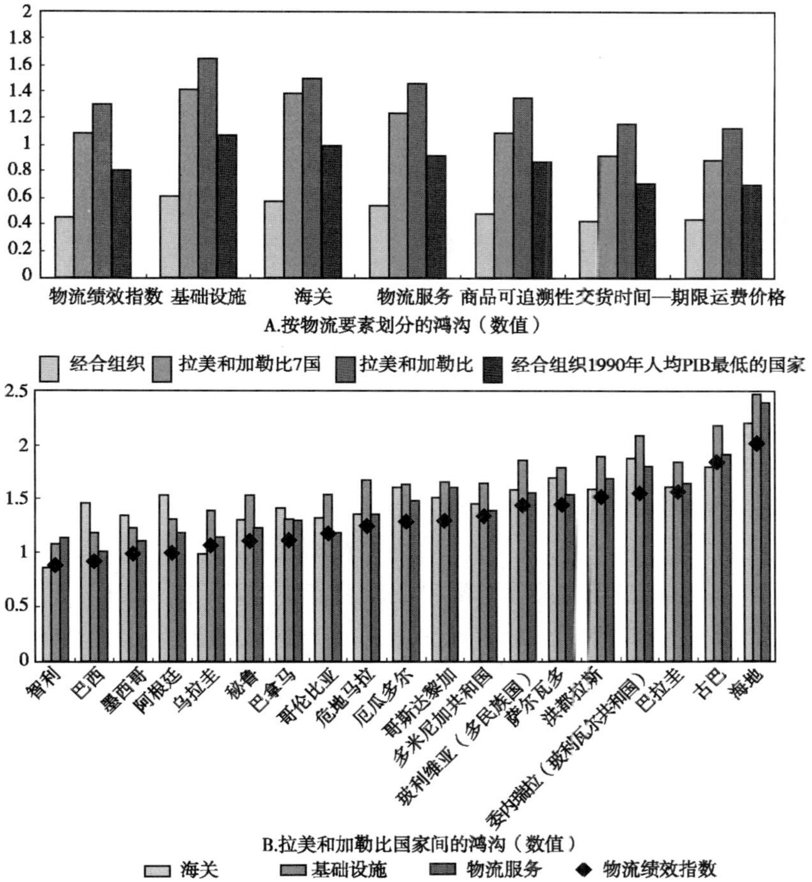

图 4.2　同经合组织的最好水平相比的物流鸿沟（2012 年）

注：物流绩效指数（LPI）范围从 1 ~ 5，5 代表物流绩效最高。鸿沟的定义是物流的各个要素与经合组织国家中最好水平比较的差别；LPI 以及下面的要素：海关、物流服务和商品可追溯性，比较对象是芬兰；基础设施和交货时间—期限，比较对象是德国；商品运费价格的比较对象是荷兰。拉美和加勒比（ALC）包括 19 个国家。拉美和加勒比 7 国指本地区 GDP 总值最高的七个国家：阿根廷、巴西、智利、哥伦比亚、墨西哥、秘鲁和委内瑞拉（玻利瓦尔共和国）。经合组织 1990 年人均 GDP 最低的国家是智利、捷克共和国、韩国、斯洛伐克、斯洛文尼亚、爱沙尼亚、匈牙利、墨西哥、波兰和土耳其。

资料来源：世界银行 LPI。

统计链接：http：//dx. doi. org/10. 1787/888932903348.

此外，各国为改善物流绩效面临的公共政策挑战也不尽相同。比如，对于玻利维亚（多民族国）、哥伦比亚、危地马拉和秘鲁而言，进一步建设交通基础设施看起来更重要；而阿根廷和巴西为了提高物流绩效，关键要改进海关政策设计。

最近五年，拉美地区的一些国家在物流方面表现出显著的差异。与首个可获得 LPI 数据的年份 2007 年相比，乌拉圭、哥伦比亚、玻利维亚（多民族国）和巴西的世界排名明显提高（比如乌拉圭提升了 23 位）。排名前进的原因多种多样。以乌拉圭为例，是构成物流指数的不同要素综合发挥作用；哥伦比亚改善了海关和物流服务（如交通运营者的质量）以及基础设施；巴西则实现了更好的商品可追溯性和更低的运费价格。某些物流要素的改善并非必然意味着不需要采取额外的公共行动。例如在哥伦比亚，尽管人们对基础设施的感觉有所好转，但该要素仍是比经合组织国家落后的主要原因。此外，巴拉圭、委内瑞拉（玻利瓦尔共和国）、海地、萨尔瓦多和洪都拉斯的世界排名迅速下滑（巴拉圭和委内瑞拉（玻利瓦尔共和国）的排名在 5 年内下降了 42 位），海地和委内瑞拉（玻利瓦尔共和国）物流绩效下降的原因分别在于对提供的基础设施和海关过程感觉的恶化；而巴拉圭则主要是商品交货时间延长。

总之，拉美和加勒比地区物流绩效的改善幅度落后于世界其他地区。尽管南美洲在 2007 ~ 2012 年改善物流绩效的速度类似于亚洲、欧洲、中亚、中东和北非，拉美和加勒比地区整体取得的成绩要小得多。因而，从 2007 ~ 2012 年，本地区总的 LPI 得分增长的速度更慢，增速和东亚及太平洋地区国家类似。

基础设施欠账是本地区物流绩效低下的主要原因

本地区的物流鸿沟主要归咎于基础设施、海关和物流服务等公共政策领域。LPI 的六个要素可以分为两个组别，每组有三个要素。首先是监管和制度要素，它们指明物流链条上的主要环节，公共政策在这些环节中发挥直接作用：海关、基础设施和物流服务。其次是衡量物流链结果和绩效的要素：交货时间或期限、运费成本和商品的可追溯性（Arvis 等，2012）。与经合组织国家物流要素的最好水平逐一比较可以发现，拉美物流绩效较低的要素与公共政策行为在其中发挥基础性作用的组别密切相关（见图 4.2）。同样，当与经合组织其他国家比较时，主要的差别也是这三个要素。

交通基础设施落后是本地区的顽疾

相比提供的服务而言，物流业内人士对基础设施的质量更不满意。根据国内 LPI，拉美国家之所以比高收入国家落后，仓储、配送和交通的基础设施质量低下比这三个要素的服务质量所起的作用更大。拉美的国内 LPI 同中高等收入国家整体的国内 LPI 类似，与此同时，中低收入经济体和低收入经济体之间的物流服务以及基础设施质量的差别要小一些。尽管上述差别与东欧和中亚国家之间的差别类似，在中东、北非、东亚和太平洋以及南亚等其他新兴市场内部，物流服务和基础设施的差别要更小。

拉美基础设施的不足影响贸易发展。基础设施最落后的方面是交通行业，主要是公路，其标准低于中等收入国家（Calderón 和 Servén，2010；世界经济论坛，2012）。交通基础设施的严重不足正在形成制约性的贸易壁垒（见 Eslava 等举的哥伦比亚的例子，2009）。例如，巴西和哥伦比亚国际贸易货柜的国内运输成本被认为是全球最高的之一。[4] 类似的，哥斯达黎加三个最大出口市场 80% 的主要参与者都认为公路质量是制约业务的三大因素之一（Guasch，2011）。

协同运输方式降低 57% 的运输成本并节约 27% 的社会资源

拉丁美洲多式联运的选用不当增加了物流成本，削弱竞争力，并影响与国际接轨。相较其他运输方式，对公路运输的高度偏好影响本地区不同运输方式间的互补性。因此，拉美公路运输集中度比美国高 15 倍（经合组织和拉美经委会，2011）。假如巴西将现有的 250 个物流联运枢纽的数量翻一倍，每年的总库存量和仓储成本将减少 10 亿美元（Guasch，2011）。最后，单一运输方式阻碍环境的可持续发展。一套协同运输系统降低 57% 的运输成本，同时在外部效应上又节约 27% 的社会资源，两部分叠加可以降低 42% 的总成本（Gomes 等，2010）。类似的，在比较一套单一运输系统和一套多式联运系统的二氧化碳排放时，可以发现，环境和社会的可持续发展可以与更强的经济竞争力一并实现（Kim 和 Van Wee，2009）。

尽管海运在融入全球经济中表现活跃，即便具备全部地理条件，拉美几乎没有国内海运和内河运输。尽管本地区出口美国的货物中 80% 经由海运，像阿根廷、巴西、智利、哥伦比亚、厄瓜多尔或委内瑞拉（玻利瓦尔共和国）等一些国家，港口的质量和规模都很有限。[5] 拉美没有一个港口位列全球规模或货运量最大的 20 个港口之列。[6] 此外，没有将港口环境与消费中心有效连接的物流项目也令人担忧。通过有效率的港口有限提升物流绩效，决定着一个经济体在出口相对低价值的自然资源方面是否有竞争力（Sánchez 等，2003）。

航空基础设施也是类似的情况。尽管从 2000～2008 年，拉美只占全球货运量的 4%，据国际民航组织（IATA）预测，拉美和其他新兴经济体将经历航空乘客和货运的迅猛增长。在航空货运量方面，没有一个拉美的机场跻身全球 30 强。[7] 缺少专业的货运商时常造成物流困难，因为没有可靠的飞机舱位，易腐产品出口受到阻碍。

铁路运输方式停滞不前，现有网络的覆盖面几乎还停留在火车作为采掘业运输方式的历史时期。因此，90% 的物流运营商认为，铁路网络的质量差或是很差。铁路主要参与散货运输。本地区 6.26 亿吨经铁路运输的货物中，62% 是矿石产品，其次是粮食和建筑材料等散货产品。

哥伦比亚、智利和秘鲁 2010 年前签署的 61 份道路承包合同中的 50 份重启谈判，结果导致超过 540 次的重新谈判

最后，拉丁美洲特许经营的监管和制度漏洞带来的是无休止的重新谈判，却不一定降低物流成本。在 20 世纪 90 年代，阿根廷、巴西、智利、哥伦比亚和墨西哥将近 50% 的交通特许经营合同重新谈判过。从 1993～2007 年，智利平均每份交通特许经营合同都重新谈判了四次（Guasch，Laffont 和 Straub，2008；Engel，Fischer 和 Galetovic，2009）。此外，到 2011 年，本地区平均 40% 的特许经营合同都重新谈判过（Nieto-Parra，Olivera 和 Tibocha，2013）。最后，哥伦比亚、智利和秘鲁 2010 年前签署的 61 份道路特许经营合同中，有 50 份至少重新谈判过一次。所有重新谈判过的合同的首次修改距合同签署还不到三年。哥伦比亚的例子最为突出，为了重新谈判21份特许经营合同，共进行了超过400次谈判，而重新谈判的财务成本接近这些重新谈过的特许经营合同的初始成本的三倍（Bitran，Nieto-Parra 和 Robledo，2013）。

海关程序制约贸易的发展

本地区大多数国家同样被认为在海关和商品出口程序方面存在严重缺陷。根据对实体行业特别是制造业企业的访问（世界银行企业调查），拉美某些国家（阿根廷、巴西或委内瑞拉）的海关及贸易监管是经商的主要制约因素（图4.3，A图）。类似的，57%的受访日本企业认为，拉美特别是阿根廷、巴西和墨西哥等国复杂的海关体系，是最妨碍经商的物流变量（JETRO，2008）。最后，在经合组织国家，需要将近四天完成与直接出口有关的海关手续，而在拉美一些国家，则要花费将近甚至超过十天时间（见图4.3，B图）。

海关手续的不完善严重影响贸易成本。在其他条件不变的情况下，以全球贸易便利指数（ETI Enabling Trade Index，世界经济论坛）计算，进口国的贸易便利化质量提高10%将促进贸易增长19%，而出口国的贸易便利化质量提高10%将增加贸易36%（Korinek 和 Sourdin，2011）。以拉美为例，在贸易便利化各项指标中，对贸易成本影响最大的当属手续—程序、手续—文件、治理和公正性（Moïsé 和 Sorescu，2013）。类似的事实表明，在拉美清关延误增加交通成本4%～12%（Guasch 和 Schwartz，2008）。清关和边境程序普遍地延误可能显著减少贸易，降低拉美经济的竞争力。根据针对乌拉圭公司的调查数据，清关每延迟一天将降低出口增长率2.8%（见 Volpe Martincus，Carballo 和 Graziano，2013）。

拉丁美洲的物流成本甚至超过经合组织国家的四倍

总而言之，对比高收入国家，拉美物流绩效低下转化为高昂的成本。在微观领域，拉美的物流成本占产品价值的18%～35%，而经合组织国家这一比例为近8%。在宏观领域，经合组织国家物流成本大约占GDP的9%，而拉美和加勒比占16%～26%。尽管拉美国家内部的物流成本构成不同，但都相对较高。秘鲁平均物流成本占产品价值的32%，而智利这一比例为 18% 。这些比例与发达国家相比偏高，美国、新加坡等国的物流成本大约占产品价值的 9% ~10% （Guasch，2011）。

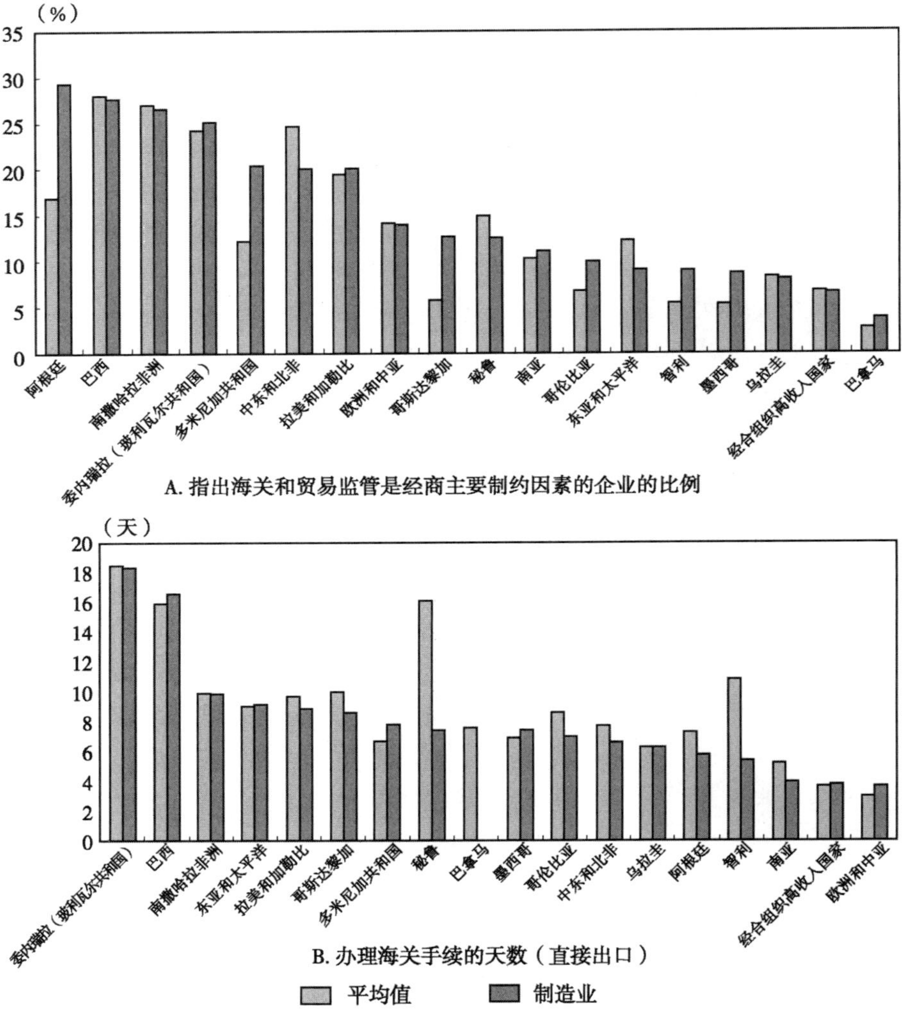

图 4.3 实体行业企业对国际贸易手续的感觉，2011 年（或最近年份）

注：巴拿马制造业数据不掌握。拉美和加勒比包括 27 国。

资料来源：世界银行（企业家调查）。

统计链接：http：//dx. doi. org/10. 1787/888932903367.

物流及其在经济部门中的使用强度

物流强度指一个经济部门对该国物流绩效的依赖水平。因此，物流绩效的变化主要影响那些交货流程效率和质量对其总成本起决定作用的经济部门。在分析完物流强度可能的定义后，这一部分将把其在拉美的相对比重与经合组织国家作比较，并分析拉美改善物流绩效对于那些高物流强度部门的益处。

根据每个经济部门的物流成本或者交货时间测算物流强度，可以量化物流绩效对经济部门的影响。第一个方法是测算物流要素强度或者物流成本占产品最终价值的比重，以此确定物流绩效对竞争力具有特别影响的那些部门。尽管各国的物流敏感部门有所不同，总体而言包括采矿、木制品以及出版和印刷业（见表 4. 1）。测算物流强度的第二个方法是看对运输时间的敏感度。该方法可以通过经由空运的产品测算，通常情况下空运要快于海运。这一方法包括农业、服装和医药部门。此外，价值链上的加工产品可能对时间更为敏感（见表 4. 2）。

拉丁美洲物流密集型或者时间敏感型出口的比例比经合组织国家高三倍

拉美的产业结构对物流绩效的敏感度高于经合组织国家。在拉丁美洲，根据要素禀赋形成的专业化格局呈现严重依赖物流的自然资源的高度参与，农产品和服装等对时间敏感的产品也是如此。拉美物流密集型或时间敏感型出口的比例比经合组织国家高三倍，根据国家不同程度有所区别（见图 4. 4）。

因此，物流挑战限制了拉美在粮食等物流密集型产品上的竞争力。在拉丁美洲，收获的水果超过一半在抵达最终目的地前就损失或者变质了（国际粮农组织，2012）。由于物流服务提供和协调的薄弱，水果收获后最大的损失发生在仓储、包装或者配送过程中。所以，运输服务的成本和质量发挥重要的作用。对哥斯达黎加经迈阿密销往圣卢西亚的菠萝进行分析发现，菠萝的生产价格只占最终价格的 10%，而陆路和海陆运输以及管理成本占 43%。类似的，从温哥华运送一公斤小麦到曼塔的花费还不到从曼塔运输相同重量的小麦到克韦多成本的一半。可见，物流对粮食价格的影响使得交货价格提高 30% ~100% （Guasch，2011）。[8]

表 4.1　物流密集型部门

国　家	ISIC	部　门
巴　西	c10-14	采矿
	c24	医药
	c27	钢铁
	c26	矿产
智　利	c20	木制品
	c21-22	纸/出版印刷
	c10-14	采矿
	c26	矿产
	c36-37	家具
墨西哥	c21-22	纸/出版印刷
	c40-41	电力及煤气
	c20	木制品
	c10-14	采矿
中　国	c10-14	采矿
	c26	矿产
	c25	橡胶和塑料
	c20	木制品
印度尼西亚	c20	木制品
	c38	其他制造业
	c32	广播电视和通讯
	c24	医药
	c33	精密医疗和光学仪器
法　国	c26	矿产
	c21-22	纸/出版印刷
	c10-14	采矿
	c20	木制品
	c17-19	纺织

续表

国　家	ISIC	部　门
美　国	c26	矿产
	c40-41	电力及煤气
	c27	基本金属
	c20	木制品
	c21-22	纸/出版印刷

资料来源：OCDE I-O Tables 和 Shepherd (2011).

表 4.2　时间敏感型产品

空运比例（%）	产　品	经济大类分类
100	冷冻食品的准备	半成品
99.9	除工业过程控制设备外的测量、测试、控制、导航和其他用途的仪器及器具制造	消费品
98.7	飞机和宇宙飞船制造	半成品
96.8	除工业过程控制设备外的测量、测试、控制、导航和其他月途的仪器及器具制造	消费品
95.8	其他金属产品制造	资本
94.5	药品、医用化学制剂、植物产品制造	消费品
91.4	贵金属和其他有色金属制造	资本
90.1	其他化学品制造	半成品
89.1	钢铁基础工业	半成品
87.8	体育用品制造	半成品
86.9	珠宝首饰及有关物品制造	半成品
86.3	蔬菜	消费品
84.4	除皮衣外的服装制造	消费品
83.7	其他金属产品制造	半成品
83.7	其他电气设备（国家电气规范）	半成品

资料来源：肖特国际经济资源页中的 2000 年美国进口资料。

此外，私人投资有助于满足原材料等物流密集型部门的需求，这同时又不利于竞争。以智利为例，港口基础设施落后造成了私人港口的特许经营。2006 年，该国 36 个运营港口中的 11 个是私有的。在有的情况下，一些私有化港口的进入限制引发竞争力主管部门介入调查（经合组织，

2011）。智利的例子强调了港口活动监管对于提升港口服务竞争力的重要性，也说明了当获得基础设施受限时所面临的挑战。同样，在哥伦比亚，铁路的使用实际上仅限于煤炭运输，而这是源于私人投资，影响了其他货品通过铁路进行运输。

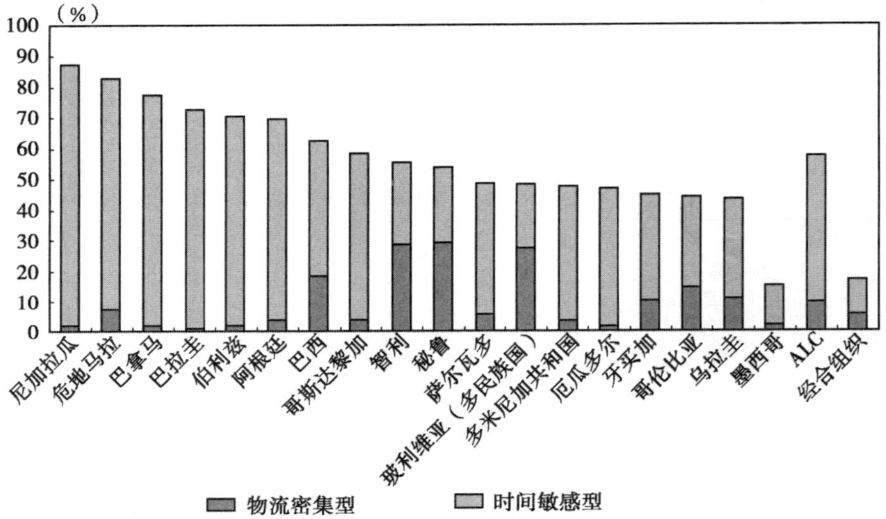

图 4.4 时间敏感型和物流密集型出口（2010 年）（百分比）

注：物流密集型部门包括采矿、林业和森林开发、木制品制造、出版和印刷。时间敏感型部门包括农业、渔业、食品和饮料制造、服装和园艺。拉美和加勒比（ALC）包括 18 个国家。

资料来源：联合国商品贸易统计数据库。

统计链接：http：//dx. doi. org/10. 1787/888932903386.

随着物流服务价格相对于经济中其他产品和服务的价格下降，密集使用物流的部门倾向于进行相对扩张。这样，可以预见物流的改善可能影响这些部门的相对规模，继而影响国家间的专业分工格局（Shepherd，2011）。根据每个行业的弹性，物流成本如下降 10 个百分点，将在不同程度上提高多个行业的需求和就业水平（Guasch，2011）。最后，由于减少了可能进入的市场，发货前的延迟造成发展中国家出口多元化程度下降（Dennis 和 Shepherd，2011）。对于强烈依赖物流的制造业，可以看出其劳动生产率和所在国物流绩效之间的密切关系。在拉丁美洲，物流绩效的改善可能会提高劳动生产率。

物流绩效的改善为本地区带来的潜在益处

这一部分介绍更好的物流绩效带来的直接收益。首先将比较削减物流成本带来的收益和国际贸易中的距离以及关税。其次阐述与大型企业相比，物流对于中小企业的重要性。最后分析改善物流对于区域内和全球连通性的影响。

相比距离，物流过程的质量和成本对推动国家间贸易一样或更为重要。更大的物流功能性使企业获得更具竞争力的进出口价格，以此来推动贸易。多项研究证实物流对于贸易成本具有高度影响（参见 Mesquita-Moreira，Volpe Martincus 和 Blyde 对拉美的分析，2008）。如果低收入国家以 2010 年物流绩效指数衡量的物流绩效提高至中等收入国家的水平，这些国家的贸易将增长 15%。海上和空中的连通性以及物流绩效三者和地理距离在国际贸易成本中占据同样比重（经合组织和世贸组织，2013）。与高收入经济体相比，这种现象在中高收入经济体中表现得更为明显（Arvis 等，2013）。最后，物流质量的改善对贸易的影响可能超过距离因素，这主要表现在出口中。特别是，相比距离，进出口物流绩效的改善分别提高贸易 37% 和 96%（Korinek 和 Sourdin，2011）。

交货延迟意味着高昂的交易成本。海关手续、追踪和定位服务、物流基础设施和竞争是影响交货时间和贸易的物流因素。[9] 因此，商品在边境每多耽搁一天就减少大约 4% 的贸易（Korinek 和 Sourdin，2011）。以美国为例，国际运输时间减少一天就带来 0.8% 的贸易增长（Hummels，2001）。相对于距离，在一国内的交货时间每延迟一天相当于使该国远离贸易伙伴近 70 公里（Djankov，Freund 和 Pham，2010）。以巴西为例，如果桑托斯港的清关时间减少四天，物流成本最多能降低 16%（世界银行、美洲开发银行和拉美经委会，2010）。

贸易政策应该将物流作为与关税政策同等甚至更重要的因素包括在内

在拉美一些国家努力达成自贸协定的同时，有必要付出相同或者更大的努力制定寻求降低物流成本的政策。拉美许多国家在贸易自由化方面取得的进展使本地区的平均关税水平从20世纪80年代的40%下降到2012年的近8%（González，Guasch和Serebrisky，2008）。这个过程连同渐进的产业地理碎片化以及旨在优化库存的物流技术的使用，使得物流成本相较外贸平均关税在最终价格中占据更高比例。

分析对美国的出口并结合先前对拉美的研究（Clark，Dollar和Micco，2004；Mesquita-Moreira，Volpe Martincus和Blyde，2008）可以看出，运输成本比关税占的比重要高得多。[10]尽管在某些情况下，这种高相关度同距离或者低关税有关，比如智利和哥斯达黎加，但在很大程度上还是由于物流的效率造成的。通常，就美国全部贸易伙伴而言，运费到不了关税成本的两倍，而在拉美这一比例却几乎是10倍（见图4.5）。最后，低物流绩效对贸易成本变化的影响可能高于关税。一项对马格里布地区的研究发现，在影响贸易成本变化的因素中，关税仅占近0.6%，而物流超过15%（Shepherd，2011）。

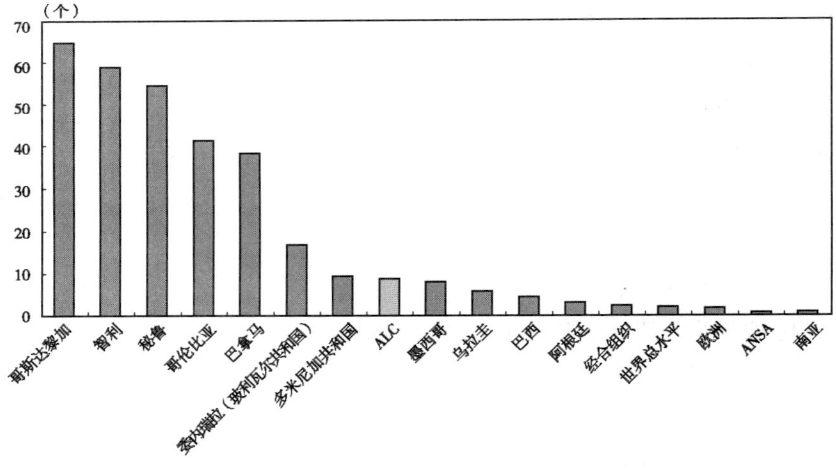

图4.5 运费和关税的关系（2012年）

注：根据自美国市场进口数据计算。关系是进口运费和进口关税收入值相除得到的商。ANSA指东南亚国家联盟（Association of Southeast Asian Nations-ASEAN）。拉美和加勒比（ALC）包括20国。

资料来源：作者根据美国人口调查局数据编制。

统计链接：http：//dx.doi.org/10.1787/888932903405.

缩小物流鸿沟将主要提高中小企业竞争力

改善物流绩效增加中小企业的贸易机会。小生产商的物流成本趋向于超过大生产商（Fernández 等，2011；Guasch，2011；Fries 和 Fernández，2012；Rodrigue，2012）。拉美国家的就业和 GDP 高度集中于中小企业，这使得物流成本的改善有利于提高经济竞争力。在拉丁美洲，中小企业包括库存、仓储、运输和配送管理在内的全国物流成本可能超过总销售额的 42%，而大企业这一比例为 15% ~18%（Guasch，2011）。以尼加拉瓜的牛肉生产为例，将牛从饲养场运到屠宰场，小生产商的物流开支是大生产商的两倍还多。此外，小生产商花费的运输时间可能超过三天，而大生产商只用不到 30 个小时（Fries 和 Fernández，2012）。

二、三级道路路况差以及缺乏获得信息和通讯技术的途径，都影响中小企业的商品贸易。地方层面物流的落后主要影响小食品生产商。在这方面，改善通往秘鲁兰巴耶克、卡哈马卡和亚马孙省的公路使得每集装箱有机咖啡的成本下降 600 美元，出口增长 40%。此外，将一公斤西红柿从哥斯达黎加的农场销往马那瓜（尼加拉瓜）的最终目的地，对小生产商而言，生产和运输成本几乎占总成本的 1/4（23%），接下来是清关费用（11%）和赋税（6%）。而大生产商的情况则截然不同，清关费用、运费和赋税分别占最终价格的 10%、6% 和 5%。因此，由于物流和运营的低效，小生产商的利润率或竞争力比本地区大出口商低 19%；或者说，相当于每销售一公斤西红柿就少赚 27.5 美分（Fernández 等，2011）。这意味着，通过改善物流提高农村地区的连通性，可以提高竞争力，促进市场准入，同时增加小生产商的收入。

提高本地区内部和与全球经济的连通性

降低拉丁美洲国家的物流成本是促进本地区内部贸易的核心要素。拉美贸易的区域一体化低于世界其他地区的现有水平。在拉美，区内贸易仅占贸易总额的 27%，而欧盟和亚洲的这一比例分别达到 63% 和 52%。这说明拉美更依赖外来需求，同时将从为推动区域一体化更大的努力中受益。

将运费成本和关税下调10%将增加拉美和加勒比地区45%的双边进口和60%的区内进口（Rodrigue，2012）。关于拉美国家间的海上贸易，将几个港口的效率提高一倍对运输成本造成的影响，等同于将这几个港口之间的距离缩短一半。需要强调的是，在一国范围内降低物流成本的行动能力要大于在国际范围的行动（Wilmsmeier，Hoffmann和Sánchez，2006）。

拉美地区低下的物流绩效意味着区域内运费成本接近甚至超过区域外运费成本

尽管拉美国家之间地理距离接近，但是物流不足造成区域内运费成本接近甚至超过区域外运费成本。南美洲的阿根廷、巴西、智利、秘鲁或乌拉圭就是这种情况。和与美国的贸易类似（见图4.5），运输成本超过了关税成本（Mesquita-Moreira，Volpe Martincus和Blyde，2008）。同样，巴西进口巴拉圭大豆、进口智利牛肉的总成本的20%是本地区物流链效率低下造成的（Schwartz等，2009）。在哥斯达黎加、危地马拉、尼加拉瓜和巴拿马等中美洲国家，缺少协调和信息问题使得区域贸易变得困难，货运卡车经常空驶返回出发地。[11]此外，作为区域内的优先交通方式，和陆路运输监管相关的标准化实践可以改善（参见美洲开发银行2013年报告中美洲国家部分）。拉美公路走廊的发展和连接城市和港口的物流解决方案对于活跃区内贸易至关重要（见专栏4.1）。

专栏4.1 一体化走廊和地区经济发展：南美洲区域一体化基础设施倡议（IIRSA）

拉丁美洲三个主要的基础设施和区域物流一体化倡议是南美洲区域一体化基础设施倡议（IIRSA）、中美洲的中部美洲项目（PM）和加勒比的加勒比共同体（CARICOM）。

IIRSA是南美洲政府合作的产物，得到了拉丁美洲发展银行（CAF）、美洲开发银行（BID）和拉普拉塔河流域开发基金（FONPLATA）等银行的协助，也是三个倡议中发展最快的。自2000年成立以来，IIRSA以将在交通、电信和能源方面推动区域一体化的项目纳入统一的数据库为目标，构建缺失部分，减少和消除区内贸易障碍。目前，IIRSA 在隶属于南美洲国家联盟（UNASUR）的南美基础设施和规划委员会（COSIPLAN）的框架下运行。

在南美洲现有的经济和贸易走廊的基础上，IIRSA 确立了被称为“一体化和发展轴心”（EID）的跨国地带，这些地带是围绕基础设施和“结构化”设备形成的土地规划和区域一体化区域。在所有 EID 中，安第斯轴心、中部两洋间轴心和南方共同市场（Mercosur）—智利轴心三片区域最为突出。安第斯轴心包括玻利维亚（多民族国）、哥伦比亚、厄瓜多尔和秘鲁主要的连接点/极，将五个国家的主要城市联系起来，面积达 260 万平方公里。中部两洋间轴心横穿南美洲，连接太平洋和大西洋两端主要港口，在 350 万平方公里的土地上连接玻利维亚（多民族国）、巴西、智利、巴拉圭和秘鲁五国的不同结点。南共市—智利轴心涵盖阿根廷、巴西、智利、巴拉圭和乌拉圭的大部分领土（320 万平方公里），将主要的经济中心、城市和港口连接起来。在这三条轴心中，主要的一体化途径是海陆，地理限制了不接壤国家之间的陆路联系。

南美国家内部的贸易仅占贸易总量的 15% ~23%，通过陆路和海陆运输的产品是转化率低的基础原材料。由于实际一体化的不足，补全附属部分和连接道路（很多情况下相对较短，但是连接它们之间的高速公路）将对未来几十年的区域竞争力产生高集聚效应，同时也会促进每个轴心主要交通和运输走廊所在城市和国家之间的贸易。

2013 年，IIRSA 共有 583 个基础设施一体化项目，全部投资预计需要 1 556.54亿美元（相当于南美洲 GDP 的近 40%）。2013 年中期，其成员国政府决定优先实施 97 个项目，占预计投资总额的 11%，预计将在 2020 年完成（见表 4.3）。

表 4.3　区域一体化轴心及其优先项目和出口

区域一体化轴心	优先项目	预计投资额（美元）	贸易轴心区域的主要出口	区域外贸易百分比（%）
安第斯（哥伦比亚、厄瓜多尔、委内瑞拉（玻利瓦尔共和国）和秘鲁）	12	3 690 546 845	石油及衍生品、铁、大豆、铜	91

续表

区域一体化轴心	优先项目	预计投资额（美元）	贸易轴心区域的主要出口	区域外贸易百分比（%）
南回归线（阿根廷、玻利维亚（多民族国）、巴西、智利和巴拉圭）	18	4 232 983 784	石油及衍生品、铜、金和煤	84
巴拉圭 - 巴拉那水道（阿根廷、玻利维亚（多民族国）、巴西、巴拉圭和乌拉圭）	15	1 530 549 051	精炼铜、大豆、原油、铜及精矿、铁及精矿	83
亚马孙（巴西、秘鲁、哥伦比亚、厄瓜多尔和委内瑞拉（玻利瓦尔共和国））	27	3 884 604 239	石油、铁及精矿、大豆、飞机/高空作业车	95
圭亚那盾（圭亚那、苏里南、委内瑞拉（玻利瓦尔共和国）和巴西）	6	958 800 000	大豆及大豆粉、石油、铁及精矿、玉米饼和面粉、植物油渣、飞机	98
中部两洋间（玻利维亚（多民族国）、巴西和巴拉圭）	7	460 200 000	精炼铜及精矿、石油原油、大豆、铁及精矿	92
南共市—智利（阿根廷、玻利维亚（多民族国）、巴西、乌拉圭和智利）	11	2 132 331 000	精炼铜、大豆、石油、铁及精矿、玉米饼和面粉、植物油渣	84
秘鲁—巴西—玻利维亚（多民族国）	1	85 350 000	石油、铁及精矿、大豆、铜和金	97
合计	97	16 975 364 919		

资料来源：www. iirsa. org/proyectos，2013 年 6 月；UNASUR，巴西联邦政府和圣保罗州工业联合会（FIESP）（2012）及其编制的南美洲基础设施一体化的八个轴心；UNASUR 和 CEPAL（2011），区域一体化基础设施，联合国。

改善物流绩效同样有助于拉美经济加入全球价值链。价值链或由跨国公司引领的国际生产占世界贸易的 80%（UNCTAD，2013）。全球价值链参与制造业是否成功基本上取决于运输和物流。通过全球价值链运输的商品通常在生产过程中经过多道边境。因此，零部件贸易对于物流绩效改善的敏感度几乎比最终产品贸易高 50%（Shepherd，2011）。鉴于贸易和投资的相互依存关系，可以看出，提供合适的物流服务同在物流密集型行业吸引更多的外国直接投资（IED）有关（Blyde 和 Molina，2013）。尽管拉丁美洲在国际生产体系方面不具备亚洲和欧洲的一体化程度，很明显，智利同亚洲以及部分受益于《北美自由贸易协定》的某些中美洲国家和墨西哥同美国的贸易联系在增长。

拉丁美洲促进物流的行动

尽管交通基础设施是解释物流绩效低下的主要因素，一些“柔性”措施可以改善物流

改善物流的“柔性”和“硬性”方面需要一整套政策。鉴于消除交通基础设施等“硬性”要素鸿沟在短期内无法实现，通过现有基础设施改善产品和服务运输的主动政策是优先方向。这样，尽管解释物流落后的主要因素是交通基础设施不足，其他因素可以扩大促进贸易的效用。这些“柔性”要素事关围绕一项综合物流政策的体制和治理，现代化仓储服务的提供，海关和认证流程的效率，信息和通讯技术用于物流的整合以及运输行业竞争力的提升。[12]这些要素可以起到鼓励有效使用现有基础设施和减少物流成本的作用。[13]这一部分分析交通基础设施开发政策，并介绍有利于在短期内依靠现有交通基础设施改善物流的不同的政策解决方案。

交通基础设施开发

朝着更大和更好的投资

提供更多的交通基础设施对于降低物流成本和促进拉美地区可持续增长是必要的。据估算，如果弥补同其他中低收入国家的基础设施鸿沟，每年拉美经济增长率可以提高两个百分点（Calderón 和 Servén，2010）。为了满足 2006～2020 年的基础设施需要，拉美和加勒比每年应大约为此投入本地区 GDP 的 5.2%（Perrotti 和 Sánchez，2011）。[14]

为了提供与全国和地区链条连接的机会，关键在于推动地方层面的投资，包括进入全球价值链市场较少的地方机构起决定作用。例如，惠及桥梁建设或者按照现有需求更新它们（关于最大许可轴重或为新的拖拉机拖车尺寸设计最大许可轴重）的投资和项目，促进一些地区的经济利益。

为了弥补交通基础设施鸿沟，对该领域更大的投资应该伴随着制度框架的改善。首先，主体之间横向和垂直的联系和协调便于运输部门的运营和推广，特别是在惠及经济和能源方面更有效且具有更少负外部性的模式

配送的多式联运方案方面。因此，功能的多样性影响公共和私人干预的效率。这个挑战比政策的稳定性、适用性和有效性以及公共利益考量显得更为重要。合作激励机制和适当的体制架构的缺失是形成有效协作的主要障碍。在本地区国家间这种障碍更明显，因而需要优先考虑一项基础设施部门的整合政策，在这方面，哥伦比亚、萨尔瓦多、巴拉圭和秘鲁最为突出（经合组织和拉美经委会，2011）。

基础设施投资应当在新工程和维护现有工程之间建立适当平衡

在提出交通政策的周期中，项目优先级划分和规划阶段需要改进。在这一阶段，往往不具备恰当设计项目和便于政策执行的参照框架的技术能力（参见 Nieto-Parra，Olivera 和 Tibocha 对哥伦比亚的分析，2013）。此外，必须改进项目的选择，并在新工程和维护现有工程之间建立适当平衡（Agénor，2009；Calderón 和 Servén，2010）。一条得到良好维护的公路，其交通、投资和维护的总成本要比未进行良好维护的公路少3～7倍（经合组织和拉美经委会，2011）。在有些国家，全国公共投资体系的执行已经在试图改进项目的选择和评估（参见 Carranza，Daude 和 Melguizo 对秘鲁的分析，2011）。

促进多式联运投资

制度框架的改善能够促进地区的多式联运投资和环境可持续发展。负责各个运输方式的不同部门之间的整合或更好的协调，将提高铁路和河流运输方式的比重，[15]对物流成本产生重要影响，同时还会减少对人口和环境的负外部性，特别是对已经饱和的港口而言。哥伦比亚、哥斯达黎加、多米尼加共和国和墨西哥等拉美地区部分国家，已将改善多式联运作为发展议程的优先工作。在这方面，铁路和港口费用之间的综合计价将方便本地区的物流过程。在哥伦比亚、哥斯达黎加和墨西哥等国，缺少促进合作的制度激励措施，对主要道路和港口以及港口和铁路的连通构成重要障碍。货运政策的整合和一项可以比较不同运输方式投资补贴的多式联运规划，是本地区面临的重要挑战。铁路与河流特许经营模式可以保留一个开放途径，在环境负外部性非常大时投入公共资金。

价格机制的设计能够促进多种运输方式。部分运输方式中的市场扭曲（比如卡车对道路维护贡献少）对交通基础设施的资源配置产生不利影响。从长期看，为了避免其他运输方式产生投资补贴需求，以及使各国接近于获得更有效和环境可持续的运输方式分布，采取有效的价格信号（比如调整燃油消费税和公路通行费）是合适的。例如，在德国和瑞士，根据行驶距离、货物重量和二氧化碳排放收取货车的公路通行费。这项举措鼓励卡车在返程时利用货运能力和其他运输方式的开发，使得卡车货运更有效率（McKinnon，2006）。

增强国家内部的协调和联系，通过以发展多式联运为重点的现代框架推动与私营部门的关系，在上述方面加强制度建设至关重要（Cipcletta，Pérez-Salas 和 Sánchez，2010）。传统上在拉美，交通及其相关政策是以单式运输为着眼点分析和执行的，这妨碍了有效服务的提供。然而，拉美地区私营和公共部门之间的协调也有令人满意的事例，但是大部分局限于特定行业，比如乌拉圭负责推广、监管和协调肉类仓储和运输的国家肉类研究所（INAC）。其他国家如德国、加拿大、韩国、芬兰、马来西亚、摩洛哥或荷兰的经验对拉美地区同样可能有用（Arvis 等，2012；Cipoletta 等，2010）。

协调的海运发展对于提高拉美地区在国际贸易中的竞争力很重要。鉴于集装箱在交通链的定位和在贸易中的物流平台作用，建设更多的港口和集装箱码头至关重要。特别是，自然资源出口国应该将改善与海运有关的物流作为公共政策的优先考量。为了应对航运活动的增长和超大型船舶的停泊进行的重要的港口和运河扩建项目，需要拉美地区不同国家间的协调以推动贸易。同样，这些项目中的一部分需要严格的可行性分析，这样才能取得预期收入，减少运输时间（见专栏 4.2）。

专栏 4.2 提高海运物流能力的项目

近十年，拉丁美洲的国际贸易和该地区同其他新兴经济体之间的海上运输显著增长。哥伦比亚和秘鲁的集装箱吞吐量年均增长率达到 18%，超过了美国和欧洲同期水平的两倍。此外，船舶的尺寸同样也在增加，推动着该地区物流能力的扩张。根据联合国拉美经委会的估计，自 2016 年起，可装载 13 000标准箱的超大型船将成为该地区海上运输的主力。本专栏着重介绍该地区面对需求的增长，为弥补港口和海运基础设施鸿沟正在和计划进行的部分项目。

巴拿马

预算（百万/欧元）	3 971
2025 年预计收入（百万/欧元/年）	4 690
运河长度（公里）	80

为了提高效率并将货运潜力翻番，巴拿马从 2007 年开始扩建运河，项目计划于 2014 年完成。扩建项目包括新建两套船闸、深挖现有运河和开挖新运河。增加运河深度将允许新的船舶类型通过；扩建将增加运河的通行能力，超巴拿马型船的通行将极大地增加货运量。根据巴拿马运河管理局估算，货运量将每年增长 3%，到 2025 年时将达到每年 6 亿吨，即 2005 年货运量的两倍。

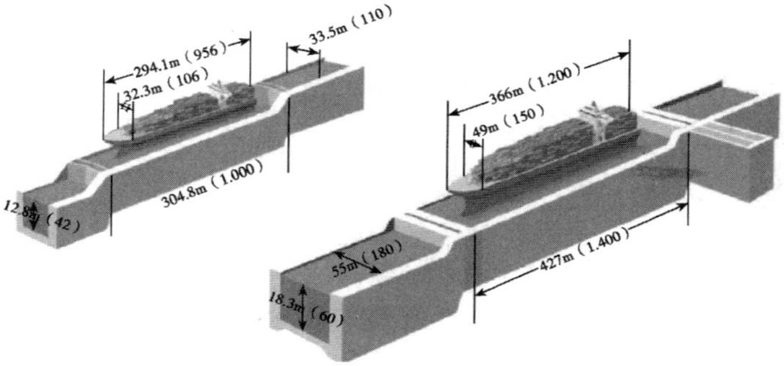

图 4.6　巴拿马型船和超巴拿马型船的对比

资料来源：维基百科，巴拿马运河管理局。

多米尼加共和国

考虑到巴拿马运河扩建的完工给加勒比地区海运面貌带来的变化，多米尼加共和国最近开始建设考塞多物流中心。该项目位于考塞多多式联运港，将加快进出该国货物的配送、处理和发送过程。工程第一阶段预计投资一亿美元，工期三至五年，并创造 1 000个直接就业岗位。该项目吸引了外国投资者的参与，其中包括迪拜环球港务集团（DP World，即先前的迪拜港口公司)，该公司在全球拥有65个码头，2012年集装箱吞吐量5 600万箱。

尼加拉瓜

预算（百万/欧元）	30 206
2020年预计收入（百万/欧元/年）	3 430
运河建设长度（公里）	286

最近提出了修建本地区第二条运河的建议。尼加拉瓜大运河项目预计2014年开工，工期十至十五年。项目计划打通太平洋和大西洋，在两洋沿海地区各建设一个深水港，运河两端还将通过铁路干运河连接。此外，为提高物流能力，预计还将扩建一个国际机场。项目被授予香港尼加拉瓜运河发展投资有限公司特许经营。

该地区其他可能的项目包括洪都拉斯的干运河、洪都拉斯的两洋间走廊、洪都拉斯大运河、危地马拉两洋间走廊和一条连接哥伦比亚和墨西哥的铁路。

港口

除了确保海运连接性的项目之外，船舶尺寸的增加需要拉美地区港口在深度和容量方面相适应。在中美洲和加勒比，只有三个国家有与东亚、欧洲以及北美直航并且可以停靠大型深水船舶的港口：多米尼加共和国的考塞多、牙买加的金斯顿和巴拿马的港口。为了提高该地区的物流能力，未来几年有多个已在进行和计划中的项目。这些项目包括巴西马瑙斯、智利瓦尔帕莱索、哥伦比亚卡塔赫纳、厄瓜多尔曼塔、萨尔瓦多拉乌尼翁和洪都拉斯科尔特斯六个港口的扩建。

资料来源：www. pancanal. com；西班牙《国家报》2013年6月22日刊登的文章《太平洋—大西洋的联系》；尼加拉瓜《新闻报》2013年6月13日刊登的文章《国会批准修建运河》；《美国商业新闻》2012年10月刊登的文章《拉美的港口：在深水区》。

私人投资基础设施的有效性

特许经营能够改善提供的服务和本地区经济的竞争力。高额的融资需求使得私人投资在交通基础设施方面发挥重要的作用。此外，私人参与可以带来正外部性。首先，私人投资能够确保在项目规划的全过程，在初始投资和未来的维护开支之间取得平衡。其次，能够限制由于国家投资体系缺陷导致的规模过大项目的开发。最后，可以向准备更加充分的私营部门转移商业风险。

将私营部门正确地纳入交通基础设施中可以限制未来的财务成本和降低物流成本。监管（如最高价格、投标过程）、机制和政策（官僚机构的质量、选举周期、监管者缺乏独立性等）方面的内容被认为是本地区特许经营重新谈判中的决定性因素（Guasch，Laffont 和 Straub，2008；Bitran，Nieto-Parra 和 Robledo，2013）。

为了有效利用公私合作（APPs），必须具备评估、招标和管理特许经营的强大能力。一次性价比评估便于确定针对基础设施工程最合适的融资模式。在做完社会可行性分析后，这种评估可以确定特许经营是否适合一项公共工程。通常，经合组织国家进行成本收益或公共部门绩效比较基准分析；与此同时，拉美国家的分析仅限于比较投标结果，就私营部门利用相同的资源是否会产生更多的价值提出疑问（经合组织，2008）。此外，还应该设立机制，限制延长最初提出的特许经营的期限和成本的可能性。最后，税务会计方法的改变能够改善特许经营选择，避免出现仅仅着眼于税收优惠的公私合作模式。尽管像哥伦比亚、萨尔瓦多、洪都拉斯、墨西哥和乌拉圭等拉美国家最近完善了公私合作方面的法律，但为了尽最大可能减少日后的重新谈判，促进私人投资基础设施的有效性，仍然可以强化现行制度（Bitran，Nieto-Parra 和 Robledo，2013；EIU，2013）。

凭借现有交通基础设施实现更好的物流绩效

物流政策的协调

推广一项物流政策意味着应该有效协作的不同的公共和私营主体的参与。和其他地区一样，拉美国家没有一个专门负责和整合同物流有关的工作机构。优质的物流意味着规划部、交通部、工业部、贸易部以及海关和边镜管理办公室等不同的公共机构为改善物流绩效进行充分协调。此外，像工业和服务业企业家协会等私人机构、物流专业人士和学术机构（研究中心和大学）应该参与到物流日程中。因此，以涵盖一国物流的不同模式全面和连贯的发展为首要目标的不同代理人和机构之间需要协调。乌拉圭国家物流研究所即是一例，该部门由公共和私人主体组成，以发展和推广物流为目标。

最近部分国家在发展计划中加入综合物流政策，这需要在计划的执行和跟踪上高度努力。物流政策必须伴随保障国家资金高效和有效使用的能力建设。像哥伦比亚、多米尼加共和国、哥斯达黎加和巴拿马等国已经开始设计物流政策（前两个国家在各自的国家发展计划中提到有关物流的目标和具体行动）。特别是，哥伦比亚在国家发展计划中推广实施一项国家物流政策，开展一项国家物流研究计划，并启用一个全国性的货运物流监测站。而智利、巴拿马、秘鲁、巴西和萨尔瓦多等其他国家则在制定国家物流发展计划的过程中。

体制和治理是物流绩效的支柱

公共和私营机构的质量是物流有效性的支柱。尽管机构质量不是物流绩效指数中衡量物流绩效的因素，它的绩效对于产品贸易和整个经济的运行至关重要。因此，从公共机构的角度看，在物流成本和对司法机关的过度干预、腐败以及政府效率和安全的缺失之间有着越来越密切的关系。类似的，关于私人机构的质量，企业道德、责任感和问责同物流绩效有关系。在受到人均 GDP 水平控制后，物流绩效和公共及私人机构的质量之间的偏相关系数接近 0.75。[16] 通常，拉美国家表现出比经合组织国家低得多的机构质量标准，拖累了便利该地区国家贸易的公共和私人行为。

非正规支付是解释拉丁美洲交付延误的一个关键因素

得益于反腐和安全政策，改善治理对于拉美地区良好的物流绩效至关重要。在解释商品和货物交付延迟的主要原因中就有索要黑钱和犯罪（例如货物被盗）。拉美 33% 的受访物流业内人士认为，索要黑钱是交货延迟的关键因素，而中高收入国家和经合组织高收入国家的这一比例分别仅为 15% 和 5% （见图 4.7）。类似的，近 20% 的受访者认为，犯罪影响产品交付的有效性（中高收入国家和经合组织高收入国家分别为 9% 和 5% ）。在智利和乌拉圭，犯罪和贿赂未被认定为延迟交货的原因；而在巴拿马和委内瑞拉（玻利瓦尔共和国），这些非法行为是改善商品交付过程的一个挑战。诸如美国的“邮件欺诈规约”等经合组织国家的措施，方便处罚欺诈和腐败行为。为了避免逃税和加强国内及国际贸易手续的合法性，拉美国家可以采用这种类型的政策。

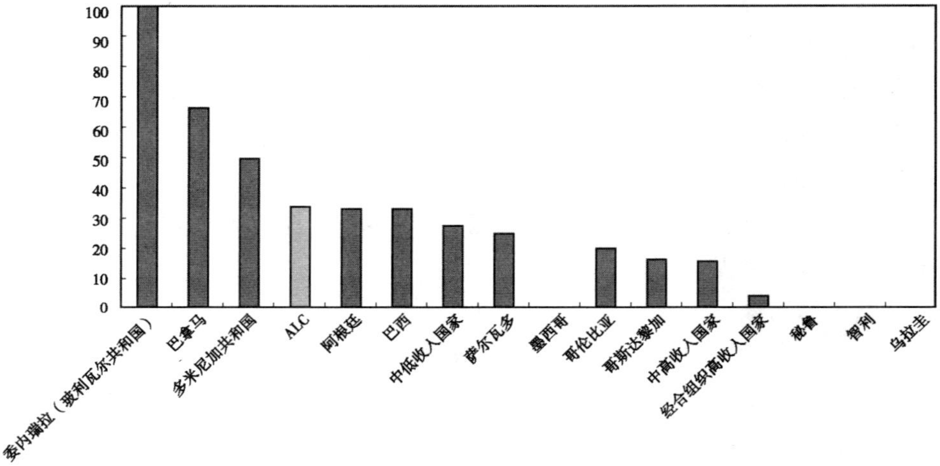

图 4.7 索要黑钱（2012 年）（占受访物流业内人士百分比）

注：拉美和加勒比（ALC）包括 21 国。

资料来源：世界银行，物流绩效指数国内指标，2012。

统计链接：http：//dx. doi. org/10. 1787/888932903443.

物流链安全的改善意味着降低因盗窃或者迁移损失以及安全保险产生的直接成本。在中美洲，由于犯罪和暴力的增长，在 2008 ~ 2011 年间，从事陆路运输的公司的安全成本增加了 25%，占这些公司总成本的 3% ~ 4%（世界银行，2012）。在墨西哥，估计公司将 15% ~ 20% 的物流成本投入到安保方面，还往往收不到明显的效果（Pérez-Salas，2013）。机构薄弱和治安不佳是本地区有待解决的主要挑战之一（世界经济论坛，2012）。因此，在一项对 144 个国家的调查中，拉美地区九个国家位列暴力和犯罪率最高的十个国家（犯罪率从低到高为：墨西哥、哥伦比亚、海地、特立尼达和多巴哥、委内瑞拉（玻利瓦尔共和国）、牙买加、洪都拉斯、萨尔瓦多和危地马拉）。

加强物流培训

拉美以综合和现代化方式管理物流服务的职业和教育结构的发展，将惠及货运增值服务的创新和发展。因此，受益于物流培训，将可以开始达到新兴和发达经济体过去在物流行业通过深入改革取得的物流绩效水平。[17]

教育和培训对于更好地利用拉美经济体现有的基础设施很重要。进行物流培训可以有效利用现有的交通和技术基础设施，以恰当地管理商品运输。有必要使教育课程更加适合新的技术，并推广从整体上考虑物流实践和包括一体化实践、同步化、链风险及可持续发展等内容的供应链管理的跨学科课程。这些学习和继续教育课程应该使人力资本向着劳动技能服务的方向发展，因此企业和学术界的联系很重要。最后，贸易便利化中取得的改革必须伴随着当地团队制定未来战略的更大能力。尤其是与海关管理有关的培训，对于在自身运营中获得持续的改变至关重要（Moisé，2013）。

信息和通讯技术的良好利用

交通基础设施政策的加强必须伴随着信息和通讯技术（TIC）的良好实践。交通基础设施领域更多和更好的投资是必不可少的，但是还不够。为了最大化利用现有基础设施，必须正确地将 TIC 与物流过程相结合。一旦受到人均 GDP 水平的控制，TIC 的获得和物流绩效之间越来越有联系。在公司层面，拉丁美洲在获得最新技术以及吸收技术方面落后于经合组织（见图 4. 8）。在这种情况下并考虑到拉美现有基础设施赤字，实施使基础设施服务可获性更有效率的解决方案十分重要。在此背景下，TIC 可以改善本地区运营和不同交通模式间的互联互通，同时节约商品贸易的成本和时间。像哥伦比亚和墨西哥等国已经将更好地利用 TIC 以便利贸易的必要手续写进政府计划中。

采用更好地控制货物位移的技术工具十分重要

物流服务中一个重要的要素是发达的信息系统。最近几年，TIC 在质量和覆盖上的进展意味着越来越多的信息以电子化方式存储和处理。电信服务需要达到足够高的水平才能使信息系统正确和可靠地运转。这些措施包括海关自动化，在过程的每一阶段跟踪和定位过境商品的能力，商品贸易风险分析，以电子方式提交海关表格，信息和终端运营管理，以及单一电子窗口等（Korinek和Sourdin，2011；Elorza，2012）。然而，这些仅是日益广泛和复杂的供应链的一些要素，因此在国家和地方层面协调不同的公共和私营倡议的结构体系需要有序发展。在物流链各主体之间尽早采用协调的技术，不仅可以提高国家层面的竞争力，而且将使更好地为实施低碳交通服务或参与全球价值链做准备成为可能。采用更好地控制货物位移和公司信息安全（远程信息处理，可追溯性）的技术工具，以及对被盗和损坏的货物具备更大的控制能力十分重要。比如在墨西哥，这些政策的设计已经纳入到物流竞争力的议事日程。

必须制定政策，简化技术和行政程序，减少进出口过程过度的负担。例如，本地区一部分国家（如智利、哥伦比亚、哥斯达黎加、多米尼加共和国、墨西哥、巴拿马和秘鲁）将单一外贸窗口（VUCE）作为贸易便利化的政策工具（Elorza，2012）。这些窗口将与海关程序有关的不同部门集中在单一的联系点，加快了整个管理过程。此外，在有些国家，单一窗口还可以允许提交单一外贸表格（FUCE），减少了边境手续的必要文件。除了海关以外，另一个关键手段是原产地证明的数字化，这不仅提高了报关程序的效率，还可以从海关优惠待遇中受益（见专栏4.3）。拉美海关过程的数字化是推动地区一体化的重要因素。至于更普遍意义上的贸易便利化，海关程序信息的提供、行政复议程序和程序公正也为提供高效、可预见和透明的服务发挥重要作用。

专栏4.3 通过TIC提高哥伦比亚边境效率

通过在综合报关和认证流程中的自动化和引入TIC，哥伦比亚实现了过境流程的高效率。作为《公共管理重建计划》中提高经济竞争力和效率战略的一部分，2004年设立了VUCE。哥伦比亚的VUCE通过互联网整合了18个部门超过90条信息流和50项数字操作。凭借数字技术的有效应用，哥伦比亚实现了海关过程所有主体的高效协调。通过VUCE，可以办理此前在进出口操作中需要的与要求、认证、许可证及批文有关的手续。同样，还可以完成卫生检疫、禁毒监控和风险管理。海关服务通过FUCE减少整个过程所需文件。VUCE在全部通过窗口，以及基于使用标准文件交换的“留

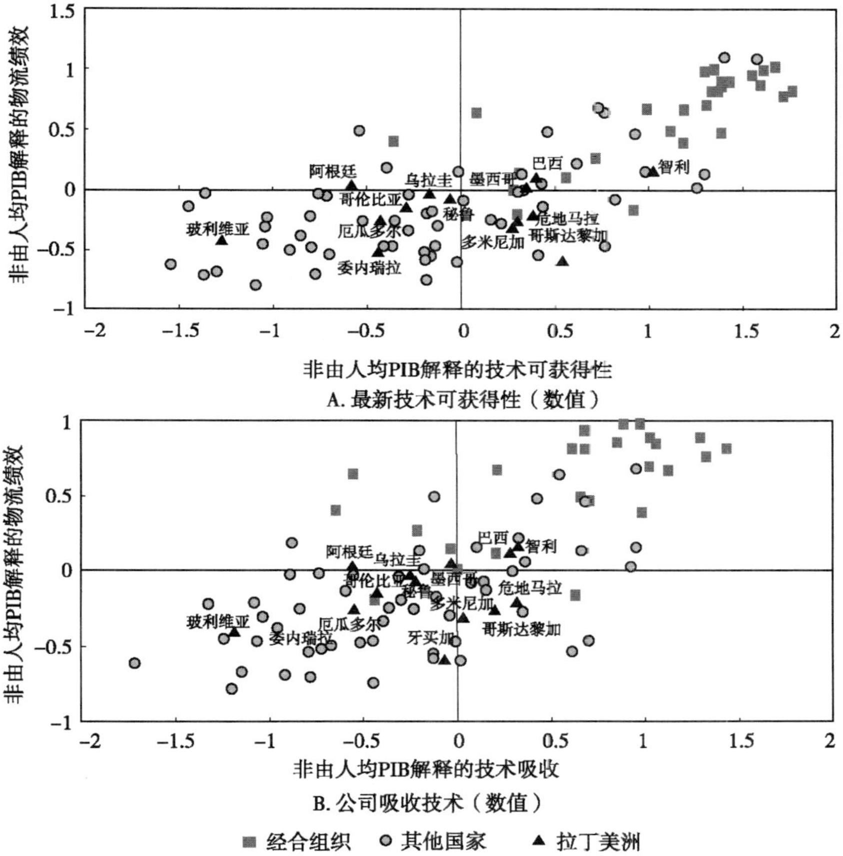

图 4.8 技术获得和物流绩效：偏相关分析（2012 年）

注：偏相关分析使用人均 PIB 作为控制变量。根据 DFBETA 标准法，所有异常数值被识别和剔除。墨西哥和智利在图例中被视为拉美（而非经合组织）国家。

资料来源：世界银行（LPI）和世界经济论坛（全球竞争力指数），2012。

统计链接：http://dx.doi.org/10.1787/888932903462.

宿代理”概念的信息体系进行的交易中都使用先进的电子签名。

作为贸易便利化政策运作扩大的一部分，原产地证明数字化项目于 2011 年完成。受益于数字化，原先申请原产地证明需要大概三天，现在只需十分钟。TIC 的采用和为有效协调参与 VUCE 运作的不同主体而付出的努力，在 VUCE 实施后产生了重要效果。根据《全球营商环境报告》的数据，办理出口必要手续所需天数从 2007 年的 24 天下降到 2012 年的 14 天。下个改进阶段将是随着哥伦比亚和智利及墨西哥的连通性取得进展，确保哥伦比亚的体系和拉美其他国家的相互可操作性。

资料来源：Elorza（2012）；拉丁美洲经济体系（2011）。

促进货物运输的竞争

促进运输竞争的监管改革方便不同运输体系的使用以及降低物流成本。促进不同运输公司间竞争的措施有助于降低物流成本。在 2000～2006 年，接近 40 家航空公司合谋抬高智利的出口成本，造成超过 1 800家公司共损失近 1.13 亿美元。为了避免类似的过度成本，推动拉美有限的货运航空公司之间更激烈的竞争十分重要。

鼓励公众使用私人基础设施很关键，拉美地区一些国家的原材料运输集中反映了这点。经合组织国家采取的一些措施可以促进基础设施更好地利用。例如，以福斯科金属集团（Fortescue Metals Group）等澳大利亚的私人铁路为例，2000 年的监管改革做出必须向第三方开放以及价格谈判的规定，以此方便新竞争者加入。关于港口，特许经营、监管和价格协议的设计对于优化开放和港口所占据的土地等有限资源的使用至关重要。

结　论

物流成本和质量对于拉美地区的可持续增长有重要意义。物流绩效指数每提升一个等级（1～5）意味着提高劳动生产率 35%；考虑到拉美的物流密集型和时间敏感型出口比例实际上比经合组织经济体高三倍，贸易和生产结构极大地受物流绩效影响。在这种情况下，物流应该作为和关税政策相同甚至更为重要的元素被纳入到贸易政策之中。

为了降低高企的物流赤字，本地区需要采取一系列涵盖短期、中期和长期解决方案的政策。尽管解释物流落后的主要因素是交通基础设施，对该领域适当的投资不会收到立竿见影的效果，需要一个长期过程来确定投资的种类和部门。因而，提出实施“柔性”解决方案，允许在中短期内有效利用现有基础设施。一个物流政策的整体框架，促进更好的交通治理，推动物流教育，充分利用 TIC 为物流服务，改善海关过程以及强化交通行业的竞争，是可以成为在现有交通基础设施之上降低物流成本的一些方法。

【注　释】

[1] 关于第三种测算方法，像世界银行（根据物流绩效指数）和世界经济论坛（根据全球贸易便利指数或全球竞争力指数）等国际机构包括一系列有关物流质量的感觉指标。

[2] 物流绩效指数为正数，并且根据一个简易统计分析方法，在解释劳动生产率和出口复杂度时，数值在0～1%时才具备统计学上的意义。以劳动生产率（出口复杂度）为因变量的回归分析涵盖2007年、2010年和2012年（2007年）三个年份，代表着近300（100）个样本。控制变量包括制度、宏观经济环境、教育、卫生、金融市场发展、商品市场的效率以及创新和经商复杂度。变量的来源是世界经济论坛的《全球竞争力报告》。

[3] 这个1～5的指标的平均置信区间是0.21，相当于指标排行榜上的13个排名（Arvis等，2012）。

[4] 根据世界银行《营商环境报告》（2012），哥伦比亚和巴西单个货柜成本分别超过1 800美元和1 000美元。

[5] 根据美国交通部2009年数据，美国贸易伙伴的总数的平均值不超过70%。

[6] 根据2011年的数据（www.aapa-ports.org/），本地区第一大港是巴西的图巴朗，位居世界第25位。科隆港的集装箱吞吐量最大。参见www.cepal.org/perfil。

[7] 根据2011年数据（www.aci.aero）。

[8] 此外，对易腐产品而言，由于物流不足造成的变质损失接近50%。

[9] 参见经合组织/ITS（2009）有关经合组织国家运输服务竞争的讨论。

[10] 除了出口产品构成外，拉美和荷兰对美国的出口运输成本的差别在很大程度上是因为港口效率（Mesquita-Moreira，Volpe Martincus 和 Blyde，2008）。

[11] 危地马拉表现得尤为明显，集装箱在超过75%的行程中空驶返回（世界银行，2012）。

[12] 柔性要素数量众多，包括冷库和卡车/集装箱市场或者供应链服务，商品的合并，原产地认证服务，植物检疫许可证或可追溯性服务。

[13] 其他地区（亚太、北美和欧洲）的类似政策建议以及在过去作为执行指导的建议，参见经合组织（2002）。

[14] 相当于2000年时的大约1 700亿美元。这些作者估算，在相当于本地区PIB5.2%的投资中，52%属于新投资，48%属于维护开支。

[15] 比如在哥伦比亚，马格达莱纳河（占该国内河运输的80%，但是只占全国货物运

输的 4%）运输的规划、监管和管理属于一个机构（马格达莱纳大河地区自治局），根据《宪法》规定，该部门独立于交通部。在这种框架下，马格达莱纳河的交通管理和该国其他交通方式之间没有一个综合政策。

[16] 受调查年份是 2007 ~ 2010 ~ 2012 年。物流绩效通过世界银行物流绩效指数测算，公共和私营机构质量由世界经济论坛的全球竞争力指数得出。异常数值根据 DF-BETA 标准法被识别和剔除。

[17] 参见 Arvis 等（2012）对其他地区一些政策样本的分析。

【参考文献】

[1] Agénor P. -R. （2009），“Infrastructure investment and maintenance expenditure: Optimal allocation rules in a growing economy”，Journal of Public Economic Theory，Vol. 11，No. 2，pp. 233 ~ 250.

[2] Arvis J-F. et al. （2013），“Trade costs in the developing world: 1995 ~ 2010”，Policy Research Working Paper 6309，Banco Mundial，Washington，DC.

[3] Arvis J. -F. et al. （2012），Connecting to Compete 2012: Trade Logistics in the Global Economy，International Trade Department，Banco Mundial，Washington，DC.

[4] Banco Mundial（2012），“Five explanations to high costs of service provision: Road freight in Central America”，Background Paper，Sustainable Development Department，Latin America and the Caribbean Region，Banco Mundial，Washington，DC，junio.

[5] Banco Mundial，BID y CEPAL（2010），“Cómo reducir las brechas de integración”，Nota de discusión de políticas，Tercera Reunión de Ministros de Hacienda de América y el Caribe，Lima，Perú，mayo.

[6] BID（2013），“Trucking services in Belize，Central America，and the Dominican Republic: Performance analysis and policy recommendations”，Technical Note IDB-TN-511，Department of Infrastructure and Environment，Banco Interamericano de Desarrollo，Washington，DC.

[7] Bitran，E.，S. Nieto-Parra y J. S. Robledo（2013），“Opening the black box of contract renegotiations: An analysis of road concessions in Chile，Colombi-

a and Peru", OECD Development Centre Working Papers, No. 317, OECD Publishing, París.
doi: 10. 1787/5k46n3wwxxq3-en.

[8] Blyde J. y D. Molina (2013), "Logistics infrastructure and the international location of fragmented production", MPRA Paper 45749, University Library of Munich, Alemania.

[9] Calderón, C. y L. Servén (2010), "Infrastructure in Latin America", Policy Research Working Paper Series 5317, Banco Mundial, Washington, DC.

[10] Carranza, L., C. Daude y á. Melguizo (2011), "Public infrastructure investment and fiscal sustainability in Latin America: Incompatible goals?", OECD Development Centre Working Papers, No. 301, OECD Publishing, París.
doi: 10. 1787/5kg9xf1ncvzw-en.

[11] Cipoletta Tomassian, G., G. Pérez-Salas y R. Sánchez (2010), "Políticas integradas de infraestructura, transporte y logística: experiencias internacionales y propuestas iniciales", Serie Recursos Naturales e Infraestructura 150, Banco Interamericano de Desarrollo, mayo.

[12] Clark, X., D. Dollar y A. Micco (2004), "Port efficiency, maritime transport costs, and bilateral trade", Journal of Development Economics, Vol. 75 (2), pp. 417 ~ 450, Elsevier, diciembre.

[13] Dennis, A. y B. Shepherd (2011), "Trade facilitation and export diversification", The World Economy, Vol. 34 (1), pp. 101 ~ 122.

[14] Djankov, S., C. Freund y C. S. Pham (2010), "Trading on time", The Review of Economics and Statistics, Vol. 92 (1), MIT Press, pp. 166 ~ 173, febrero.

[15] EIU (2013), "Evaluating the environment for public-private partnerships in Latin America and the Caribbean: The 2012 infrascope", The Economist, Economist Intelligence Unit, febrero.

[16] Elorza J. C. (2012), "Ventanilla única de comercio exterior: Requisitos para una implementación exitosa en América Latina", Serie Políticas

Públicas y Transformación Productiva, 8/2012, Corporación Andina de Fomento.

[17] Engel, E., R. Fischer y A. Galetovic (2009), "Public-Private partnerships: When and how", Documentos de Trabajo No. 257, Centro de Economía Aplicada, Universidad de Chile, Santiago de Chile.

[18] Eslava, M., J. Haltiwanger, A. Kugler y M. Kugler (2009), "Trade reforms and market selection: Evidence from manufacturing plants in Colombia", NBER Working Paper No. 14935, National Bureau of Economic Research, Cambridge, MA.

[19] FAO (2012), Pérdidas y desperdicio de alimentos en el mundo, División de Infraestructura Rural y Agroindustrias, Organización de las Naciones Unidas para la Alimentación y la Agricultura (FAO), Roma.

[20] Fernández R., S. Flórez Gómez, F. Estrázulas de Souza y H. Vega (2011), "Supply chain analyses of exports and imports of agricultural products: Case studies of Costa Rica, Honduras and Nicaragua", en J. H. López y R. Shankar Getting the Most Out of Free Trade Agreements in Central America, Editores, pp. 151 ~ 180, Banco Mundial, Washington, DC.

[21] Fries, G. y R. Fernández (2012), "Agro-logistics in Central America: a supply chain approach-background paper", Informe No. 75097, Banco Mundial, Washington, DC, http://documents.worldbank.org/curated/en/2012/06/17211134/agro-logistics-central-america-supply-chain-approach-background-paper.

[22] Gomes, P., M. Lopes, H. Martins y J. Carvalho (2010), "Internal and external costs of transport in Portugal", CITTA 3rd Annual Conference on Planning Research: Bringing City Form Back Into Planning, www.academia.edu/373568/Internal_ and_ External_ Costs_ of_ Transport_ in_ Portugal.

[23] González, J. A., J. L. Guasch y T. Serebrisky (2008), "Improving logistics costs for transportation and trade facilitation", Policy Research Working Paper No. 4558, Sustainable Development Department, Latin America and the

Caribbean Region, Banco Mundial, Washington DC, marzo.

[24] Guasch J. L. (2011), "Logistics as a driver for competitiveness in Latin America and the Caribbean", IDB Discussion Paper, No. IDB-DP-193, Capital Markets and Financial Institutions Division, Banco Interamericano de Desarrollo, Washington, DC.

[25] Guasch, J. L. y J. Schwartz (2008), "Reducing logistics costs in Latin America and the Caribbean: A logistics development agenda", manuscrito, Banco Mundial, Washington, DC.

[26] Guasch, J. L., J. -J. Laffont y S. Straub (2008), "Renegotiation of concession contracts in Latin America: Evidence for the water and transport sectors", International Journal of Industrial Organization, Vol. 26, No. 2, Elsevier, Amsterdam, pp. 421 ~ 442.

[27] Hummels, D. (2001), "Time as a trade barrier", GTAP Working Paper No. 18, Global Trade Analysis Project (GTAP), West Lafayette, Indiana.

[28] JETRO (2008), "Japanese firms invested in Latin America: Survey of management practices and implications", sin publicar.

[29] Kim, N. S. y B. Van Wee (2009), "Assessment of CO2 emissions for truck-only and rail-based intermodal freight systems in Europe", Transportation Planning and Technology, Vol. 32, No. 4, pp. 313 ~ 333.

[30] Korinek, J. y P. Sourdin (2011), "To what extent are high-quality logistics services trade facilitating?", OECD Trade Policy Papers, No. 108, OECD Publishing, París.

doi: 10. 1787/5kggdthrj1zn-en.

[31] McKinnon, A. C. (2006), "A review of European truck tolling schemes and assessment of their possible impact on logistics systems", International Journal of Logistics Research and Applications, Vol. 9 (3), pp. 191 ~ 205.

[32] Mesquita-Moreira, M., C. Volpe Martincus y J. S. Blyde (2008), "A report on the impact of transport cost on Latin American trade", IDB Publications No. 45498, Banco Interamericano de Desarrollo, Washington, DC.

[33] Moïsé, E. (2013), "The costs and challenges of implementing trade facilitation measures", OECD Trade Policy Papers, No. 157, OECD Publishing, París.

doi: 10. 1787/5k46hzqxt8jh-en.

[34] Moïsé, E. y S. Sorescu (2013), "Trade facilitation indicators: The potential impact of trade facilitation on developing countries' trade", OECD Trade Policy Papers, No. 144, OECD Publishing, París.

doi: 10. 1787/5k4bw6kg6ws2-en.

[35] Nieto-Parra, S., M. Olivera y A. Tibocha (2013), "The politics of transport infrastructure policies in Colombia", OECD Development Centre Working Papers, No. 316, OECD Publishing, París.

doi: 10. 1787/5k46n3xqh1hf-en

[36] Notteboom T. (2007), "Concession agreements as port governance tools", en M. Brooks y K. Cullinane, Editores, Devolution, Port Governance and Port Performance Research in Transportation Economics, pp. 437 ~ 455, Elsevier, Amsterdam.

[37] OCDE (2011), "Competition in ports and port services", DAF/COMP (2011) 14, Directorate for Financial and Enterprise Affairs, The OECD Competition Committee, OCDE, París.

[38] OCDE (2008), Public-Private Partnerships: In Pursuit of Risk Sharing and Value for Money, OECD Publishing, París.

doi: 10. 1787/9789264046733-en.

[39] OCDE (2002), Transport Logistics: Shared Solutions to Common Challenges, OECD Publishing, París.

doi: 10. 1787/9789264171190-en.

[40] OCDE/CEPAL (2011), Perspectivas Económicas de América Latina 2012: Transformación del Estado para el Desarrollo, OECD Publishing, París.

doi: 10. 1787/leo-2012-es.

[41] OCDE/ITF (2009), "Integration and Competition between Transport and Logistics Businesses", OECD/ITF Joint Transport Research Centre Discus-

sion Papers, No. 2009/08, OECD Publishing, París.
doi: 10. 1787/223832254526.

[42] OCDE/OMC (2013), Aid for Trade and Value Chains in Transport and Logistics, Aid for Trade and Value Chains Sector Studies OECD/WTO, junio: http://www.oecd.org/dac/aft/AidforTrade_SectorStudy_Transport.pdf.

[43] Pérez-Salas, G. (2013), "Seguridad de la cadena logística terrestre en América Latina", Serie Recursos Naturales e Infraestructura No. 161, CEPAL, Santiago de Chile, marzo.

[44] Perrotti, D. y R. J. Sánchez (2011), "La brecha de infraestructura en América Latina", Serie Recursos Naturales e Infraestructura No. 153, CEPAL, Santiago de Chile, octubre.

[45] Rantasila, K. y L. Ojala (2012), "Measurement of national-level logistics costs and performance", International Transport Forum Discussion Papers, No. 2012/04, OECD Publishing, París.
doi: 10. 1787/5k8zvv79pzkk-en.

[46] Rodrigue, J. -P. (2012), "The benefits of logistics investments: Opportunities for Latin America and the Caribbean", Technical Notes IDB-TN-395, Department of Infrastructure and Environment, Banco Interamericano de Desarrollo, Washington, DC., abril.

[47] Sánchez, R. J., J. Hoffmann, A. Micco, G. Pizzolitto, M. Sgut y G. Wilmsmeier (2003), "Port efficiency and international trade: Port efficiency as a determinant of maritime transport cost", Maritime Economics and Logistics Vol. 5, pp. 199 ~ 218.

[48] Schwartz, J., J. L. Guasch, G. Wilmsmeier y A. Stokenberga (2009), "Logistics, transport and food prices in LAC: Policy guidance for improving efficiency and reducing costs", Sustainable Development Occasional Paper Series 2, Banco Mundial, Washington, DC.

[49] SELA (Sistema Económico Latinoamericano y del Caribe) (2011), "Ventanillas únicas de comercio exterior (VUCE) en América Latina y el Cari-

be: Avances y retos pendientes", Documento de Trabajo SP/Di N° 4 ~ 11, Caracas, febrero, https: //www. sicexchile. cl/portal/documents/10180/1db1c470-1376-4754-ae8dd383c2e6ad27.

[50] Shepherd, B. (2011), "Logistics costs and competitiveness: Measurement and trade policy applications", MPRA Paper 38254, University Library of Munich, Alemania.

[51] UNCTAD (2013), World Investment Report 2013. Global Value Chains: Investment and Trade for Development, United Nations, Nueva York y Ginebra.

[52] Volpe Martincus, C., J. Carballo y A. Graziano (2013), "Customs as doorkeepers: What are their effects on international trade?", working paper, www. usitc. gov/research _ and _ analysis/documents/Customs _ as-Doorkeepers-What_ Are_ Their_ Effects_ on_ International_ Trade. pdf.

[53] WEF (2012), The Global Competitiveness Report 2012 ~ 2013, World Economic Forum, Ginebra.

[54] WEF, Bain y Banco Mundial (2013), Enabling Trade Valuing Growth Opportunities, World Economic Forum, Ginebra.

[55] Wilmsmeier, G., J. Hoffmann y R. J. Sánchez (2006), "The impact of port characteristics on international maritime transport costs", Research in Transportation Economics, Vol. 16, pp. 117 ~ 140.

译者后记

根据中国社会科学院拉丁美洲研究所与经济合作与发展组织发展中心达成的协议，自2008年起，由拉丁美洲研究所组织中文翻译、出版发展中心的年度报告《拉丁美洲经济展望》（自2012年起，联合国拉丁美洲和加勒比经济委员会也参与报告起草；2014年开始CAF-拉丁美洲开发银行也参与报告的编写），并于每年在拉美所举行的国际论坛上发布。为此，拉丁美洲研究所成立了专门的项目小组，由本人负责协调该项目的策划、组织、执行和对外联络，包括国际论坛的组织工作。

《2014年拉丁美洲经济展望》翻译小组由刘波、芦思姮和张进组成，具体分工如下：刘波负责序言、致谢、概述和第一章、第二章，芦思姮负责第三章，张进负责第四章。黄乐平负责封面和封底的翻译和编排，王飞对全文进行了编排整理，本人根据西班牙语版对全书进行了最终统校。

需要说明的是，由于在前期的工作衔接中出现了某些失误，2014年的该报告的翻译和出版出现了延误，为此需要向读者致歉。

在本报告中文版的翻译和出版过程中，拉丁美洲研究所领导非常重视，并多次开会进行专项研究，保证了本期报告的翻译和出版，确保了该文献的连续性；拉美所科研处的全体同志也给予了大力支持，承担了相当一部分的外联工作；出版社的编辑和排版公司的技术人员也为本书的按时出版付出了辛勤的劳动。本人在此对他们表示衷心的感谢。

但是，由于时间紧、专业性强，书中的错误也在所难免，敬请各位读者谅解。

吴国平

2014年4月20日